U0030068

Die Kunst des klugen Handelns

52 Irrwege, die Sie besser anderen überlassen

作
Rolf Dobel
魯爾夫·杜伯

繪
El Bocho
艾爾·波丘
Simon Stehl
西蒙·史泰

譯
方秀

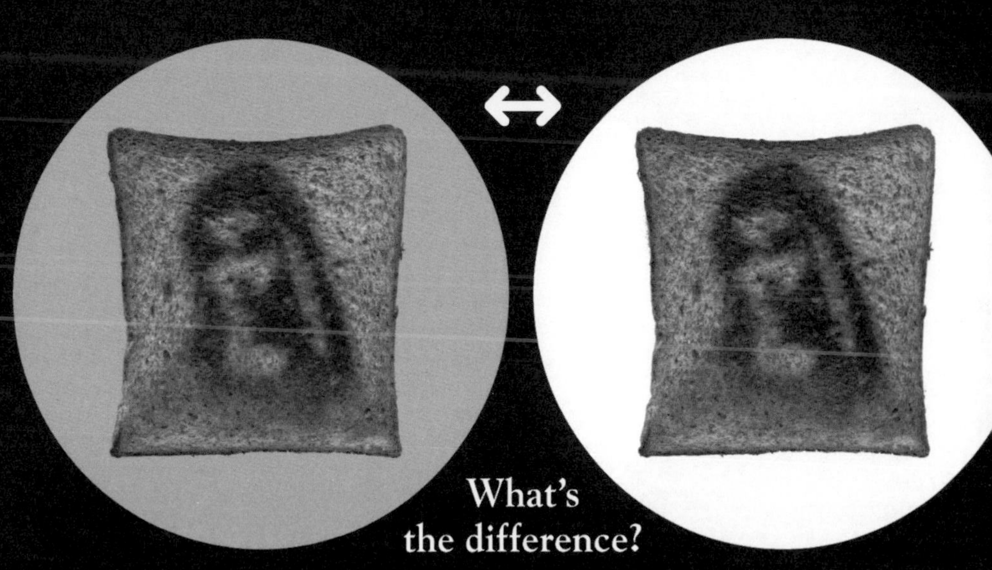

行為的藝術

52個 非受迫性 行為偏誤

為什麼「最後的機會」總是讓人失去理智？
為什麼明知改變有益，我們卻選擇安於現狀？
為什麼想得愈多，反而愈容易失敗？
「幸福的生活」由聰明思考與智慧行動所組成，
本書不只教你清晰思考，更要讓你學會聰明行動！

推薦序

輕鬆變聰明——找到人類行為的運行軌道

謝文憲

我常說，人生有三大遺憾：「不會選擇」、「不斷選擇」與「不堅持選擇」。問題是：有誰教會我選擇？是不是下一個選擇會更好？我如何知道「堅持」與「固執」的一線之隔到底在哪裡？

讀完魯爾夫・杜伯里的《行為的藝術》，我看到了讓我偷笑的答案。

我念研究所的時候已經四十二歲，話說「活到老學到老」是亙古不變的正確觀念，但四十二歲的我要重拾書本，真的已經夠老了。碩二上學期有堂必修課是「企業倫理專題」，教授擅長用邏輯辯證法，帶領我們思考一些常讓大家感到困惑，而且看來似是而非的問題。剛開始上這堂課時，我光為了思考「若P則Q」、「若非Q則非P」就已經搞得人仰馬翻、烏煙瘴氣，這每隔周五晚上的四小時課程，幾乎耗盡我白天企業內訓七小時後，最後殘存的體力。但是當我找到邏輯思考的途徑，與正確決策的軌道之後，我發現，這門學科的確是一堂有趣且實用的課程。

而當我看到這本書出版時，不僅讓我打開心理學與企業管理接軌的大門，更讓我一窺美妙理論與知識的煙火秀。

上過我一堂「清晰思考與分析」課程的學員都應該記得，我曾經舉一個香港同事來臺灣吃羊肉麵的例子，同事跟老闆要了羊肉麵的材料清單，老闆也很乾脆地無條件開單給他。但是當同事回家後信誓旦旦地跟老婆說，這碗他在臺灣吃到的羊肉麵，堪稱全世界最棒的羊肉麵，隨後按照材料清單煮麵給老婆吃時，老婆竟然對他說：「這是我吃過全世界最難吃的羊肉麵！」問題到底出在哪裡呢？

我在課程上的引導是：有 quality input 不一定會等於 quality result，而 quality input 要加上「quality process」才會等於 quality result，而作者這本《行為的藝術》，是引導讀者去思考有品質的行為流程（quality process）最棒的一本工具書，或者說是最容易輕鬆上手的書。

基於以上三個實際案例與體驗，文憲在此誠摯地跟大家介紹《行為的藝術》這本書，它會幫助您跳脫不理性行為、避免掉入思考陷阱，讓大家在面對生活瑣事時，都能從容應付，面對人生重大抉擇時，更可以精準掌握。

舉幾個我看完這本書後，非常有感觸的絕妙篇章吧！

譬如說第四篇〈平均的問題〉，我看完後真的大笑出來，這不就是我常跟學生提的「除法管理學」嗎？人類因為大量運用平均與除法的概念，因而衍生許多思考與行為的障礙。例如，今年老闆給我一億的業務目標，我底下有五位業務，一般的思考邏輯就是將每位業務的目標訂為兩千萬，再來上下微調。抑或是，企業欲購買某項服務或產品，A產品報價九十二萬，B產品報價八十三萬，C產品報價六十九萬，我們會很自然地選擇B產品的報價，因為該項產品的報價最接近平均值，然而B產品真的符合企業原先的需求嗎？雖然心理學講的「極端性迴避」理論，會讓我們在做決策的時候，習慣性地避開最貴與最便宜的價格，選擇中間的安全價位，然而這種思考的謬誤，時常讓我們進入思考與行為的障礙中，進而忽略原先的需求，不是嗎？

再試著想想，在企業進行協商的過程中，雙方各退一步企圖達成共識的關鍵時刻，談判者或業務代表也常常忘記，「堅持」才是談判時爭取我方利益的最佳解答，但談判者往往企圖趕快回公司交差，便宜行事選擇平均的概念，讓公司錯失更好的商機。

另外，在內文〈非我發明症候群〉中，更是讓我找到現今社會與職場常見的特殊現象。用一句現今臺灣社會通俗的話，就叫作「自我感覺良好」症候群吧！文中所提之

「ＮＩＨ症候群」，引用的例子是在烹飪技術上，老婆都會覺得自己發明的新醬汁是舉世無雙、獨一無二的超級好料，殊不知在這種現象之下，要吃料理的家人承受了多少白老鼠風險，「說好吃，是昧著良心；說不好吃，又怕得罪老婆」。現今的職場工作，也正考驗著人與人相處時，時而精準時而圓融的「行為的藝術」吧?!

由於篇幅有限，請容小弟雞婆一點，再跟大家列舉裡面幾個經典篇章的應用與延伸：

- 用「領域依賴性」來解釋，人要水平移轉知識到另一個領域很難，但若真能移轉知識並應用的人，肯定能夠發光發熱。
- 用「知識的另一面」來解釋，唯有行動才具有力量，紙上談兵終究曇花一現。
- 用「假共識效應」來解釋，凡事反求諸己，不斷檢討自己勝過不斷質疑別人，如此才能贏得尊敬。
- 用「小數法則」來解釋，社會科學研究裡的抽樣規模大小，一定會影響研究結果，一份看似有理的報告，或許僅是冰山一角。
- 用「拖延症」來解釋，擁有行動力與執行力的人，才是職場工作的贏家，因為很多人都是「說時無敵，做時無力」啊。
- 用「競爭優勢圈」來解釋「小池塘裡當大魚」的亙古不變道理，唯有專精於某一領域，才會擁有優勢。

我想跟您說，每一篇都很好看，真的，我的推薦文篇幅實在有限啊！

這本書不難讀，而且含金量極高，因為案例與行為理論非常貼近，我覺得很容易上手，非常適合大學生、研究生、想變聰明的職場工作者、任何職位的主管與企業經營者，是一本老少咸宜、易讀易懂、深入淺出的好書，憲哥誠摯地推薦給大家。

（本文作者為兩岸知名企管講師、暢銷作家、商業周刊專欄作家、環宇電台節目主持人）

目錄 CONTENTS

前言

教宗問米開朗基羅：「請告訴我成為天才的祕密，你如何創造出大衛像這個傑作中的傑作？」

米開朗基羅說：「很簡單，我拿掉不屬於大衛的一切。」

老實說，我們不是很確定自己是怎麼成功的，也不清楚幸福是怎麼來的；但是，我們肯定知道什麼會破壞成功或幸福。這個道理儘管很簡單，卻非常重要：**否定的智慧（不要做什麼）比肯定的智慧（要做什麼）更有用**。

誠如米開朗基羅所言，清晰的思考和聰明的行為，就是不要想大衛是什麼，而要想大衛不是什麼，然後全數去除。應用在實際例子上，就是擺脫所有思考和行為的錯誤，更好的思考和行為就會自然產生。

希臘人、羅馬人和中世紀的思想家將這個方法稱為「**否定之路**」（*Via Negativa*）。單從字面上來看，這個字代表否定的方法、放棄、揚棄、削減的意思。神學首先運用否定之路的概念，指出我們無法說出神是什麼，只能說出神不是什麼。應用到現代，則是我們說不上來怎麼成功的，只能說阻止或破壞成功的因素是什麼。再多的我們就不必知道了。

身爲公司創辦人和企業家，我曾經掉到各種思考陷阱裡。所幸我總是能夠一一擺脫。但是，即便現在我對醫師、董監事會、經理人、銀行家、政治家或政府官員演講時，我依然和他們有一樣的感受。我有種彷彿與聽眾坐在同一條船上的感覺，努力划過生命的暴流，不被生命的漩渦吞噬。理論家對否定之路搜腸刮肚，而實踐家卻是再熟悉不過了。傳奇投資者華倫・巴菲特（Warren Buffett）提到自己與合夥人查理・蒙格（Charlie Munger）時說：「我們學到的不是如何解決生意上的難題，我們只學到要**避開它們**。」否定之路。

繼《思考的藝術》後，此刻推出《行爲的藝術》，你可能會問：「這兩本書有何不同？」它們其實殊途同歸。綜觀以下的五十二個章節，我覺得這個書名再恰當不過。本書內容主要集結了刊載在《時代》、《法蘭克福彙報》和瑞士《週日報》的專欄文章。閱讀這兩本書，你就能洞悉前一百名最常見的思考和行爲的錯誤。

我的願望其實很簡單，不論是在私領域、工作上或政策的制訂過程中，如果我們能避免嚴重的思考錯誤，就可以來個量子跳躍，找到我們要的幸福。總而言之，**我們不需要不**

必要的狡黠、不需要新的點子，也不必過度作為；我們只要別那麼笨就好了。否定之路可以爲我們帶來更好的結果，米開朗基羅已經認識到這一點，而在他之前的亞里斯多德亦是如此，他說：「**智者的目標不是獲得幸福，而是要避免不幸。**」現在，你可以決定是否加入智者的行列。

魯爾夫・杜伯里，二〇一二年

01 Because-Justification

理由的正當性

為什麼爛理由也是理由

巴塞爾到法蘭克福的高速公路因路面整修工程而塞車。我簡直氣瘋了，車子開在對向車道，龜速行駛了整整十五分鐘才擺脫車陣。我以爲終於脫身了，沒想到半小時後，我又因同樣的工程陷入車陣而動彈不得。但奇怪的是，現在我的情緒已經不像剛才那麼激動，因爲路旁每隔一段距離便有一個告示牌寫著：「高速公路整修中。」

這次的塞車經驗，讓我想起一九七〇年代哈佛大學心理學家艾倫・蘭格（Ellen Langer）的一個實驗。她到圖書館去，看到影印機前大排長龍，便趨前問排在前面的人：「對不起，我有五頁要印，您能讓我先印嗎？」結果只有少數人同意。她重複進行相同的實驗，而這次多了個理由：「對不起，我只要印五頁，請問能讓我先印嗎？**我趕時間**。」這時幾乎所有人都會同意。這是可以理解的，因爲趕時間是個很好的理由。然而，第三次的實驗結果卻令人驚訝。她同樣等到影印機前排滿了人，然後問道：「對不起，我有五頁要印，您能讓我先印嗎？**因為我想影印**。」這個理由固然可笑，因爲每個人都在排隊等著影印，但幾乎每個人都讓她先印了。

如果我們可以爲我們的行爲說出個理由，就能得到更多的諒解與協助。然而讓人驚訝的是：**理由是否有意義，經常不是最重要的**。「因爲」這個詞本身就已經是個理由。一個寫著「高速公路整修中」的告示根本是廢話，因爲除了施工以外，高速公路的工地還能做什麼？我們開車經過時，就可以從車窗望見到底發生了什麼事。然而，一個公告可以讓我們平靜；相反地，沒有「因爲」的塞車則會使我們感到煩躁。

在法蘭克福機場，我的登機時間延遲了。我聽到廣播：「班機 LH1234 將延後三小時起飛。」我朝登機門走去，向一位女士詢問原因，但沒有得到結果。我很生氣，這眞是難以置信，他們竟然沒有說明任何原因！倘若換個場景，機場廣播說：「航班 LH5678 因機械因素，將延後三小時起飛。」一個完全沒有意義的理由，卻足以安撫我和其他乘客。

人們著迷於「**因為**」。我們使用這個詞，即使它無法令人信服。當主管的都知道，如果你沒有給員工「因爲」，將會削弱他們的動力。光是公告說你的製鞋公司目標是爲了生產鞋子是不夠的，即使這是眞正的目的。不，我們需要的是「我們要以本公司的鞋子革新市場」（總是這麼宣稱）或「我們修飾女性的雙腿，創造更美麗的世界」諸如此類的目標。

當股市上升或下降半個百分點時，股市評論員永遠不會寫出事實，也就是說，這只是個白雜訊，也就是正常市場走勢的隨機現象。然而，因爲大眾想知道原因，評論員只好滿足他們的需求，至於他說了什麼，則完全不重要（特別受歡迎的是中央銀行總裁的談話）。

當你被問及爲何會錯過最後期限時，最好的回答就是：「因爲趕不來。」這根本是廢話（如果你趕得來，就不會錯過期限了），但這種說法往往會被接受。

有天，我觀察我的太太，她正仔細地區分藍色和黑色的待洗衣物。在我看來，這個舉動毫無意義。根據我的經驗，這兩種顏色根本不會相互染色，至少從我的學生時代起，這種事就未發生過。「爲什麼妳要把藍色和黑色的衣服分開呢？」我問。「因爲我喜歡將它們分開洗。」我很滿意這個答案。

結論：**「因為」是不可或缺的**。這個不起眼的語詞是人際關係的潤滑劑，所以，讓我們盡情地使用它吧！

02 Decision Fatigue

決策疲勞

為什麼少做一點決定，就能做出比較好的決定

你一整個星期都被一份計畫書搞到筋疲力盡。PowerPoint 資料已備妥，Excel 表單裡的每個細節分毫不差，報告內容脈絡合乎邏輯。這個計畫將決定你的前途，如果可以藉此得到執行長的賞識，那麼假以時日，你會爬到公司的領導階層。倘若計畫不幸失敗，那你最好開始找新工作。你的助理建議了三個報告時間：上午八點、十一點半，或下午六點。你會選擇哪一個？

心理學家羅伊・鮑邁斯特（Roy Baumeister）在桌上擺滿數百種廉價的東西，包括網球、蠟燭、T恤、口香糖與可樂罐等。他把學生分成兩組，第一組為「決策者」，第二組為「非決策者」。他告訴第一組受測者：「我會給你們兩項東西，你們必須決定喜歡哪一項，實驗結束後，我就把選出的那樣東西送給你們。」然後，他告訴第二組受測者：「寫下你們喜歡的物品，我會在實驗結束後送你們一項東西。」接著，每個學生都必須將手放入冰冷的水中，能放多久就放多久。這是心理學上衡量意志力和自制力的經典方法，因為要對抗把手伸出冰水的本能衝動，需要意志力。

結果，「決策者」組比「非決策者」組更早將手伸出水中，**密集的決策過程耗費了他們的意志力**。這項結果在其他許多實驗中亦被證實。

決定很傷神。曾經上網設定筆記型電腦，或安排一趟包括機票、旅館和休閒活動的長途旅行的人，對這種感覺肯定不陌生。在進行比較、斟酌和決定後，整個人早就精疲力盡。科學家稱爲**決策疲勞**。

決策疲勞很危險。做爲一個消費者，你很容易受到廣告影響而做出衝動性購買的行爲。做爲一個決策者，你也很容易受到色誘。在〈拖延症〉一章中，我們將看到**意志力就像電池，一段時間後電力就會耗盡，需要充電**。如何充電呢？休息、放鬆、吃點東西。若你的血液中的血糖太低，意志力便會崩塌。IKEA相當了解這一點：消費者在逛了一大圈賣場，看過一萬項商品後，就會出現決策疲勞。因此，IKEA在賣場中間設置餐廳，提供低於成本的瑞典蛋糕，希望消費者在飽餐一頓、恢復體力以後，能買個燭台回家。

以色列監獄裡的四名男性受刑人向法院提出假釋聲請。其中，第一個受刑人（法院在八點五十分開庭審理假釋聲請）是個阿拉伯人，因詐欺罪被判處三十個月有期徒刑。第二個受刑人（在下午一點二十七分開庭審理）是個猶太人，因傷害罪被判處十六個月有期徒刑。第三個受刑人（在下午三點十分開庭審理）也是個猶太人，也因傷害罪被判處十六個月有期徒刑。第四個受刑人（在下午四點三十五分開庭）也是個阿拉伯人，也因詐欺罪被判處三十個月有期徒刑。法官會如何判決？相較於宗教因素或犯人所犯的罪行，法官的決策疲勞是更重要的決定因素。法官會同意第一個和第二個受刑人的聲請，因爲法官的血液循環裡充滿著血糖（由早餐或午餐所供應）。第三個和第四個聲請則會被駁回，因爲此時的法官已經沒有足夠的意志力支撐去冒險假釋犯人了。所以，兩名受刑人只好保持現狀（繼續在監獄裡服刑）。一項分析數百件法院判決的研究指出，在一場法庭審理當中，「大膽」的判決的百分比會從六五％逐漸降至幾近於零；在法官休庭片刻後，「大膽」的判決又會回升到六五％。這是在如此謹慎斟酌的法庭裡的情況。那麼，回到開頭的問題，你要選擇哪個時間向執行長做報告呢？

03 Contagion Bias

傳染性偏見

為什麼你不願穿上希特勒的毛衣

如果將希特勒（Adolf Hitler）穿過的毛衣清洗乾淨，你是否願意穿上它？

九世紀時，加洛林（Carolingian）王朝覆滅，整個歐洲（特別是法國）陷入無政府狀態。貴族、城堡堡主、騎士和其他地方統治者間爭戰不斷。肆無忌憚的士兵掠奪農村、強姦婦女、踐踏玉米田、綁架牧師、焚燬修道院。無論教會或是農民，都無法抵抗貴族的瘋狂戰爭。他們畢竟與騎士不同，他們手無寸鐵。

十世紀時，一位名爲奧弗涅（Auvergne）的主教想到了一個辦法。他邀請諸侯和騎士於某一天在一個空地上參加類似今日的座談會。神父、主教和修道院院長同時蒐集附近所有能夠找到的聖物，並把它們放在地上展示，裡頭包括聖人遺骨、沾滿鮮血的碎衣物、磚塊和石板。簡單來說，就是聖物。主教這個當時備受尊崇的人，要求與會貴族在所有聖物面前發誓，願意放棄恣意妄爲的暴行，並且答應未來不再攻擊手無寸鐵的人們。爲了強調這個請求，主教在這些人的臉前揮了揮手上的血布和聖骨。人們對聖物肯定懷有極高的敬畏感，後來也有許多人仿效這位法國主教的做法。奧弗涅獨特的良心呼籲方式被稱爲「上

帝的和平」（*Pax Dei*）和「**上帝的休戰**」（*Treuga Dei*），在整個歐洲廣爲流傳。美國歷史學家菲利浦・戴立德（Philip Dailleader）解釋道：「我們絕不能忽視中古世紀的人們對聖人與聖物的恐懼。」

做爲一個文明人，你大可對這種無聊的恐懼一笑置之。但等一等，你如何回答文章開頭的問題？你會穿希特勒穿過的毛衣嗎？幾乎不可能吧，不是嗎？這實在令人感到驚訝，因爲這個答案顯示，即便是你，對於令人難以置信的力量，也沒有失去所有的敬畏。純粹從材質來看，希特勒的毛衣已與希特勒無關。不過，你依舊對此感到厭惡。

這類神奇的影響力無法輕易擺脫。美國賓州大學的保羅・羅津（Paul Rozin）和他的研究同事，要求受測者帶一張親近的人的照片過來。科學家將照片釘在標靶的紅心上，並要求受測者開始射飛鏢。即便母親的照片被射穿，她本人並不會有絲毫痛苦，但這個心理障礙仍十分龐大，使得受測者的成績與標靶上沒貼照片的控制組相差甚多。沒錯，這些人彷彿受到一股神奇的力量所箝制，而未能將飛鏢往標靶上的照片射去。

人、事、物之間的連結作用難以視而不見，即便他們早已不復存在，或者只是如照片般無關緊要，這就是所謂的**傳染性偏見**。我的一位朋友是法國國營電視二台（France 2）長期派駐戰地的記者。如同參加加勒比海豪華郵輪之旅的旅客，每到一個小島便會購買像是草帽、彩繪的椰果等紀念品般，她有一整櫃的戰爭紀念品。她最近的任務之一是二〇〇三年時派駐巴格達。在美軍衝進海珊（Saddam Hussein）的總統府數小時後，她悄悄潛進海珊的私人官邸，在餐廳裡發現六個鍍金酒杯，便立刻將它們帶走。最近我到巴黎拜訪她時，她便用這些酒杯來盛酒。每個人都被那華麗的酒杯所震懾。「拉法葉百貨有賣嗎？」有人問道。「這是海珊的酒杯。」她簡潔地回答。一位憤怒的同事作嘔地把酒吐回杯內，並開始歇斯底里地咳嗽。我不僅沒有幫她，還火上加油地問我的這位朋友：「妳到底知不知道妳的每一口呼吸，有多少分子是海珊也吸過的？」「大約有十億個吧！」她回答著。那個同事聽到後，咳得更加激烈了。

04 The Problem of Average
平均的問題

為什麼沒有平均戰爭規模

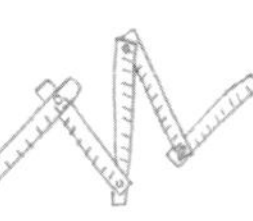

假設你和四十九名乘客一同搭乘公車，下一站上來一位堪稱德國最重的人，請問：公車上的乘客平均體重改變的幅度有多大？差不多四%到五%嗎？大概是這個數字。

假設你坐在同一輛公車上，但這次上車的是德國首富卡爾．阿爾布雷希特（Karl Albrecht），這時車上乘客的平均財富又會有多大幅度的變化呢？四%？五%？遠遠不止！

我們簡單計算一下第二個例子。假設隨機挑出的五十個人中，其中一人的財產約爲五萬四千歐元。這個抽樣符合統計的中位數原理。若再加上阿爾布雷希特大約二十五億歐元的財產後，公車乘客的最新平均財富便高達五億歐元，成長了百分之一百萬。在這種一個偏離值就改變整個情況的案例中，「平均」的概念毫無意義。

「我從未涉過一條平均深度爲一公尺的河流。」塔雷伯（Nassim Taleb）這麼警告我，也正是他告訴我公車的例子。同一條河可能有好長一段流域僅數公分深，但在中間湍急的水域深度達十公尺，那是足以淹死人的深度。如果只看平均值，就可能隨時會滅頂，因爲平均值掩蓋了河流的實際深度分布。再舉個例子，在炎熱的夏天，時常暴露於紫外線下是安全的。一旦你躲在黑暗的辦公室裡度過整個夏天，之後飛到馬略卡島（Mallorca），在毫無任何防曬措施下享受整整一星期的日光浴，這時你就有大麻煩了，即使你的皮膚吸收的平均紫外線量低於那些經常在戶外活動的人。

這並不是什麼新發現，而且十分合乎邏輯。只是你以前沒有注意的是：**在一個日益複雜的世界中，分布的不規則性愈來愈高**。再回到公車的例子，第二種假設比第一種更接近這種分布情形。因此，談論平均值愈來愈不恰當。一個網站的平均訪客數是多少呢？根本沒有所謂的網站平均造訪次數。極少數的網站（例如臉書或 Google）吸引了大多數的訪客，其餘幾乎數不盡的網站，訪客數卻是屈指可數。數學家將這種現象稱爲**冪次法則**（Power Law）。由於分布趨於極端，所以平均這個概念失去意義。

一間公司的平均規模有多大？一個城市平均有多少人口？一個戰爭的平均規模有多大（以死亡或戰爭天數計算）？德國ＤＡＸ指數的平均日變化爲何？建築工程的平均經費超支有多高？一本書平均有幾刷？颶風所造成的平均損害有多高？銀行家的平均獎金有多高？營銷活動的平均成效爲何？iPhone 應用程式的平均下載量有多高？演員的平均收入有多高？你當然可以把所有問題一一計算出來，但沒有任何意義，因爲以上所有情況都涉及所謂的冪次法則。舉最後一例來說，極少數演員有超過一百萬歐元的年收入，但有成千上萬的演員在最低生活水準的邊緣奮力掙扎。所以，你會因爲演藝圈的平均工資相當可觀，而建議你子女投身演藝事業嗎？最好不要。

結論：當有人說出「**平均**」二字時，你最好摀住耳朵，試著了解背後的實際分布情形。在平均值幾乎不受極端個案的影響時，例如公車例子的第一例，平均的概念才有意義；極端個案會左右整體結果時，例如公車例子的第二例，你（或記者朋友們）實在應該放棄使用「平均」這個詞。

05 Motivation Crowding

誘因排擠

為什麼獎勵會瓦解動力

幾個月前，有個朋友從法蘭克福搬到蘇黎世。我經常去法蘭克福，所以提議替他把一些精緻的物品（被當作傳家之寶的口吹玻璃、古董書籍）載到蘇黎世。我深知他非常在乎這些收藏品，如果搬家公司對待這些貴重物品的小心程度不及生雞蛋，他肯定會勃然大怒。因此，我依照約定把物品載到蘇黎世。兩個星期後，我收到一封他的感謝信，裡頭放了一張五十瑞士法郎的紙鈔。

瑞士政府尋覓放射性廢料的最終貯存場已有多年。他們考慮多處地下貯存場地點，其中包括瑞士中部的沃爾芬希森（Wolfenschiessen）。經濟學家布魯諾・費萊（Bruno Frey）和蘇黎世大學的合作研究者，委託一名居民大會的成員，調查居民是否同意興建地下貯存場。五〇・八%的受訪者表示肯定。這個態度主要基於下面幾個原因：民族驕傲感、公正、社會責任、工作機會。研究員再次委託這位成員進行第二次調查。這一次，每個公民（假設）能夠獲得五千法郎的補償金，由瑞士全體納稅人支付。猜猜看，發生了什麼事？贊成人數減半，只有二四・六%的受訪者接受地下貯存場。

另一個例子是托兒所。世界各地的托兒所都面臨相同的問題：家長無法準時接走孩子。所長除了等待之外，別無選擇，畢竟她不能把孩子直接丟進計程車裡。因此，許多托兒所針對這些遲到的父母收取額外費用。研究顯示，遲到父母人數並未如預期降低，反而上升。

這三個故事說明了一個事實：在這些情況下，金錢不足以成爲誘因，結果適得其反。我的朋友給我五十瑞士法郎，不僅貶低了我的幫助，還因此侮辱了我們的友誼；托兒院的罰款將父母和托兒院之間的人際關係轉變成金錢關係，現在遲到變成合法的了，畢竟他們爲此付出了代價；而核廢料貯存場的補償金則被視爲賄賂，或者至少會減少公民爲公共利益貢獻的意願。科學家將這個現象稱爲**誘因排擠**。**所有人們非出於金錢動機所從事的行為，會因為報酬而瓦解這個意願**。換句話說，金錢誘因排擠了非金錢性的動力。

假設你管理一間非營利性企業，所支付的薪資自然低於平均水準。儘管如此，員工卻十分積極，因爲他們相信這是自己的使命。如果現在實施獎金制度，每募得一筆捐款，就能得到薪資的百分之幾做爲獎勵，如此一來就會出現誘因排擠效果，你的員工將會對與獎金無直接關係的事情不屑一顧，像是創新力、公司聲譽或傳習制度，這一切對他們來說都無所謂了。

當你的公司不適用此類排擠動力時，就不會產生這個問題。你聽過哪個投資顧問、保險仲介或會計師是出自熱情，或相信某種使命而工作的？我可沒聽過！因此，獎金制度在這些行業是種良好的誘因。相反地，如果你打算創業且正在尋找員工，這時賦予公司某種意義，而不是把儲備現金當作巨額獎金誘因，這樣做才是對的。

如果你已爲人父母，我再給你一個忠告：經驗顯示，年輕人恰巧是無法收買的。若你希望孩子做功課、練習樂器，甚至修剪草坪，那麼不要拿錢當作誘因。你可以選擇每週給他們固定的零用錢，否則，他們很快就會拒絕上床睡覺——除非你爲此付出代價。

06 Twaddle Tendency

廢話潮流

如果無話可說，那就閉嘴

當被問及爲何五分之一的美國人無法在世界地圖上指出自己的國家在哪裡時，南卡羅萊納州的妙齡小姐（無論如何，她總是個高中畢業的女孩）在鏡頭前回答：「我認爲那是因爲國內有些人沒有地圖，我相信我們的教育水準與南非或伊拉克相當，而且我相信，美國的教育應該對美國有幫助，對南非、伊拉克和亞洲國家都有幫助，如此一來，我們的未來才會進步。」這段訪問透過YouTube傳遍世界各地。

好吧，你可能會說，我對選美小姐不感興趣，那麼你對下面這個句子又有什麼看法呢？「文化傳統的反思，絕對不能受到以主體爲中心的理性和未來主義的歷史意識所影響。我們如何互爲主體地建構自由的程度，便能瓦解一個以自我占有的形式所呈現的自主權之占有式個人主義的表象。」似曾相識嗎？這句話摘錄自尤爾根．哈伯瑪斯（Jürgen Habermas）的《事實與規範》（*Faktizität und Geltung*）一書。

選美皇后和德國著名哲學家的例子都反映出相同的現象：**廢話潮流**。心智懶惰、愚昧和無知都會導致腦袋不清。一堆不知所謂的語詞掩飾混亂的思緒，有時奏效，有時失敗。

選美皇后的煙霧策略顯然失敗了；哈伯瑪斯看似成功了，至少暫時是如此。煙霧策略愈具說服力，我們就愈容易上當。若再加上《思考的藝術》書中提及的權威偏誤，廢話可能會變成危險的集合體。

我不知有多少次陷入了聽信廢話的陷阱！年輕時我瘋狂迷上德希達（Jacques Derrida），讀了很多他的書。儘管耗費心力、絞盡腦汁，就是只知其一，不知其二；他的哲學因此被冠上神祕科學的光環。這整件事甚至還驅使我寫了一篇博士論文。現在回想起來，德希達的學說和我的博士論文都是些無用的廢話。因爲我的無知，我把自己變成了一個滿口廢話的人。

運動員就是廢話潮流下的犧牲者的最好例子。可憐的足球員被採訪記者逼迫針對球賽進行分析，然而事實上，他只想說：「我們輸了，就是這樣。」但是，主持人必須想盡辦法填滿節目時間，而最好的方法就是喋喋不休、東拉西扯，再強迫運動員和教練員跟著胡說八道。

然而，如我們所見，學術界的空談風氣更是猖獗。成果愈少的學科，這個傾向就愈明顯，其中以經濟學家的廢話潮流最爲風行，從評論和經濟預測中可以清楚看見。同樣的道理亦適用於產業界。公司的營運愈差，執行長的談話就愈加漫無邊際，他們時常還會加上動作，彷彿過動症患者一般手舞足蹈。奇異（General Electric）的前執行長傑克・威爾許（Jack Welch）是個令人尊敬的例外，他在接受記者採訪時說：「人們就是不相信，簡明、清楚的表達有多難。他們擔心被看成大傻瓜，但在現實中卻正好相反。」

結論：**胡說八道可以掩蓋無知**。如果表達不清楚，那就是說話者不知道自己要說什麼。語言是想法的一面鏡子，思路清晰，表達就會清楚；思路混亂，就會胡言亂語。棘手的是，我們的頭腦只有在極少數的情況下才會清醒。世界是複雜的，人們必須花費許多心思才能理解一個觀點。在你有這樣的頓悟之前，最好奉行馬克・吐溫（Mark Twain）的話：「**如果無話可說，就閉上嘴巴。**」簡潔，是漫漫長路的終點，而不是起點。

07 Will Rogers Phenomenon

威爾・羅傑斯現象

如何不費吹灰之力，就交出亮眼成績單

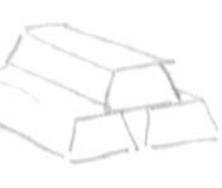

假設你是個電視總監，公司擁有兩家電視台，電視台A收視率極高，電視台B則慘不忍睹。監事會要求你在半年內提高兩家電視台的收視率，如果成功，你就能獲得一筆豐厚的獎金；如果失敗，你就得捲鋪蓋走人。你該怎麼做？

很簡單，把一個目前稍稍拉低電視台A平均收視率，但一直很受歡迎的節目，調到電視台B。由於電視台B的收視率已經敬陪末座，因此這個調動節目可以拉高其平均收視率。在不需構思任何新節目的情況下，你不僅提高兩家電視台的收視率，還能讓那筆超級獎金輕鬆入袋。

假設你晉升爲三家避險基金的經理，其主要投資標的爲私募股權基金。基金A獲利驚人，基金B持平，基金C則慘不忍睹。你想向世界證明自己是世界上最優秀的基金經理，該怎麼做呢？現在你知道遊戲規則了，就是把基金A的一些份額賣給基金B和C。但該賣出哪些呢？就是那些目前拉低基金A平均報酬率，但獲利空間仍足以拉抬基金B和C的份額。才一眨眼時間，你已經讓三檔基金的利潤表現都變得更好。因爲這一切都是內部作

業，甚至不需費用。當然，這三檔避險基金合計起來並沒有多賺一歐元，但是你這雙幸運之手會得到讚賞。

這種效應被稱為**分期遷移**（Stage Migration）或威爾・羅傑斯現象，以美國奧克拉荷馬州一名喜劇演員的名字命名。據說他曾開玩笑說，奧克拉荷馬州居民離開故鄉搬到加州，因而提高了這兩州的平均智商。威爾・羅傑斯現象可不是直覺的結果，為了將其深植於記憶中，我們必須利用不同的情況多次練習。

舉個汽車業的計算範例。你接受託付，管理兩間小型營業中心，共有六個業務員：汽車業務員一、二、三在營業中心A，汽車業務員四、五、六在營業中心B。業務員一平均每月賣出一輛車，業務員二平均每月賣出兩輛車，以此類推，業務員六平均每月賣出六輛車。相信你已輕易算出，營業中心A平均每位業務員賣出兩輛車，營業中心B則是五輛車。現在把營業中心B的業務員四調到營業中心A，銷售量會出現什麼變化呢？營業中心A現在由業務員一、二、三和四組成，平均每個業務員的銷售業績從原來的兩輛上升為二・五輛車。營業中心B僅剩下業務員五和業務員六，平均每個業務員的銷售量由五輛增加到五・五輛車。這個重組遊戲並未改變整體結果，卻讓人留下深刻的印象。特別是記者、投資者和監事會成員，當你們拿到不同子公司、部門、成本中心、產品線的平均值時，應該要提高警覺。

威爾．羅傑斯現象在醫學上隱藏著危險性。腫瘤一般分爲四期（從第一期到第四期），所以會有分期遷移的定義。體積最小、最容易治療的腫瘤是第一期，最壞的情況是第四期，因此第一期患者的存活率最高，第四期患者的存活率最低。每年都有更精密的新診斷方法問市，結果是可以發現以往醫生未能發覺的微小腫瘤。結論呢？過去錯誤地被認爲健康的患者，現在都被歸類到第一期，這一期患者的平均壽命因此自動提高。這是了不起的治療成果嗎？可惜不是，這只是分期遷移的結果。

08 Information Bias

資訊偏差

如果你有敵人，就提供資訊給他

波赫士（Jorge Luis Borges）在他的短篇小說《嚴謹的科學》（*Del rigor en la ciencia*）中描述，有個製圖學發展相當成熟的國家認爲，只有最詳細的地圖才能滿足大家的需求，因此便產生了一張和國家面積一：一比例的地圖。顯然，這樣的地圖根本無法提供任何訊息，因爲它只是現有東西的翻版。波赫士小說中的地圖是思考錯誤的極端情況，也就是所謂的資訊偏差。這是一種迷思，**相信更多訊息自然而然會得出更好的決定**。

我想找一間柏林的下榻旅館時，首先會整理出五個候選名單，然後選擇第一眼就很喜歡的那一間。然而，我無法百分百相信自己的直覺，因此決定多蒐集些資訊，以提高決定的品質。我埋頭苦讀不同酒店的數十篇評論、意見和部落客的文章，點擊了數千張照片和影片介紹。兩個小時後，我還是選了一開始決定的那間旅館。大量的額外訊息並無助於我做出更好的決定。相反地，如果把這段時間轉換成金錢，我應該可以住進肯賓斯基阿德龍旅館（Hotel Adlon Kempinski）★了。

研究員強納森・拜倫（Jonathan Baron）向醫生們提出下面這個問題：有個病人的症狀

八〇%指向疾病A。如果不是疾病A，就會是疾病X或Y。這三種疾病的嚴重程度一樣，但治療方式不同，而每一種治療方式都會產生程度相似的副作用。身為一個醫生，你會建議哪種治療方式呢？依據邏輯判斷，你會認為是疾病A，並因此建議治療方法A。

假設有項診斷檢測疾病X為「陽性」，疾病Y為「陰性」。但是，如果該名患者罹患的是疾病A，檢測結果會一半呈現陽性，一半呈現陰性。身為一個醫生，你會建議病患接受這項檢測嗎？大多數被詢問的醫生都會建議接受該檢測，儘管獲得的訊息意義並不大。假設檢測結果為陽性，那麼疾病A的機率還是遠遠高於疾病X。這個檢測所提供的額外訊息完全無助於醫生的決策。

不只是醫生才有蒐集訊息的渴望，連管理者和投資者也深陷其中，無法自拔，即便這些資料的意義並不重大。他們不是常把相同的研究案一而再、再而三地委託他人，即使決定性的事實已擺在眼前了嗎？更多的訊息不僅是多餘的，也可能有害。有個問題是：哪個城市的居民比較多，聖地牙哥或聖安東尼奧？馬克斯普朗克研究所（Max-Planck-Institut）的捷爾德・吉格倫策（Gerd Gigerenzer）拿這個問題詢問芝加哥大學和慕尼黑的學生。美國學生只有六二%答案正確：是聖地牙哥，但德國學生全都猜對了！原因是：所有德國學生都聽過聖地牙哥，只有少數人知道聖安東尼奧；因此，他們都猜熟悉的城市名。然而，這兩個城市對美國人來說都不陌生。美國學生擁有較多的訊息，而這正是他們猜錯的原因。

試想一下十萬名在銀行、智庫與政府任職的經濟學者，以及他們在二〇〇五到二〇〇七年產出的所有文件，它們都是大量的研究報告和數學模型，堆積如山的評論、光鮮亮麗的幻燈片演講稿、數兆位元的彭博（Bloomberg）及路透社資料。盛宴歌舞，都只爲了榮耀「訊息」之神。廢話連篇。然後金融海嘯來襲，把世界給翻了過來，之前卻沒有人能夠預見。

結論：**試著與最少的訊息共存，才能做出更好的決定**。不需知道的事，即便知道了，還是沒有價值。

★柏林知名高級旅館，座落於布蘭登堡門（Brandenburg Gate）正對面，原於一九〇七年開幕，二戰末期毀壞嚴重，現有建築爲一九九七年改建。

09 Clustering Illusion

群聚錯覺

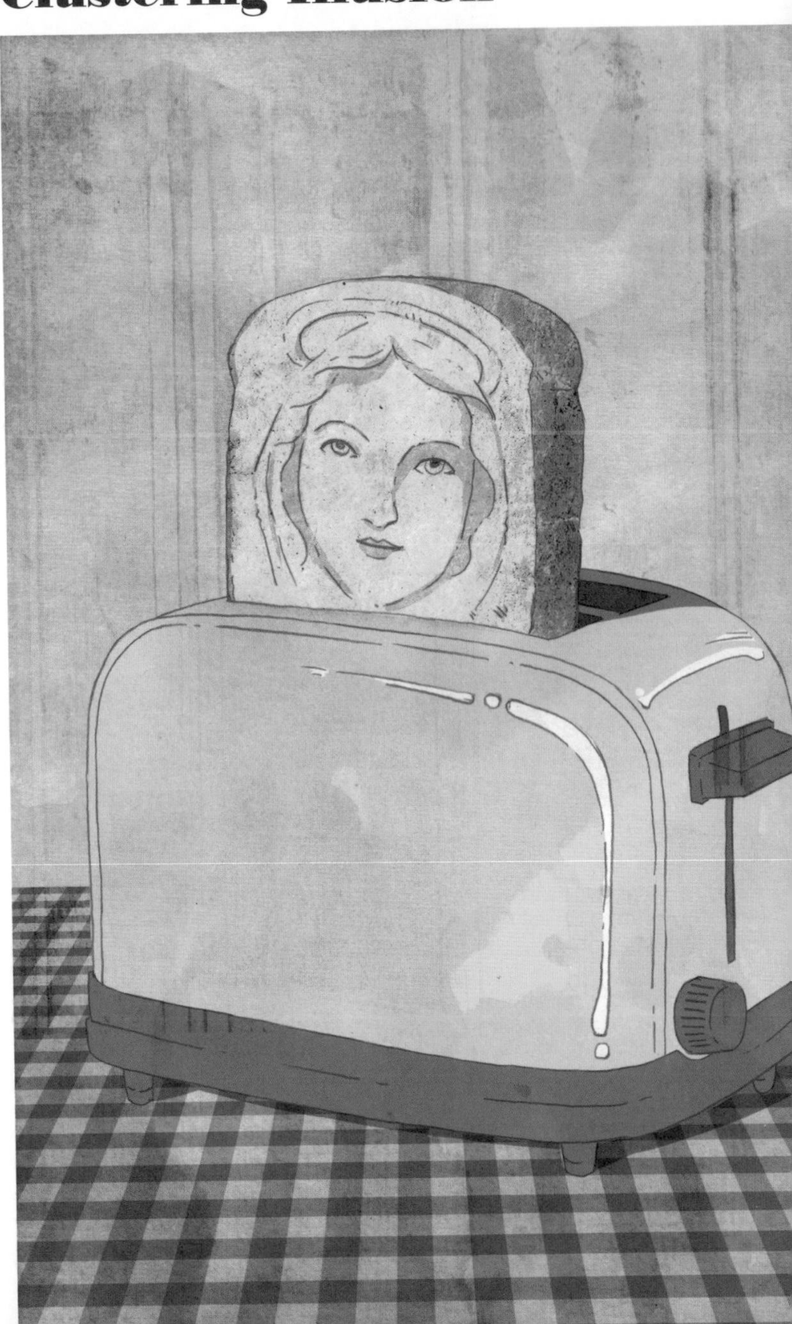

為何滿月時的月亮會浮現一張臉孔

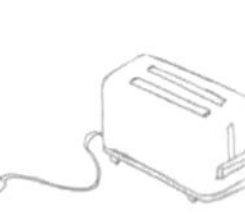

瑞典歌劇演唱家弗里德里希・尤爾金森（Friedrich Jürgenson）在一九五七年時買了一台錄音機，記錄下他的歌聲。播放時，他聽到奇怪的微弱聲音，聽起來像是來自外星人的訊息。幾年後，他錄製鳥鳴聲，這一次他聽到背景有死去母親的聲音，她低聲對他說：「弗里德，你能聽見我的聲音嗎？我是媽媽。」尤爾金森的生活因此徹底改變，他開始致力於透過錄音與死者溝通。

佛羅里達州的黛安・戴瑟（Diane Duyser）也在一九九四年時經歷了這令人驚訝的經驗。當她把一塊咬了一口的烤吐司放回盤子時，竟然看到吐司出現聖母馬利亞的臉孔。她立刻停下來，並將這個神的信息（即那片吐司）放在一個塑膠盒裡保存了十年。二〇〇四年十一月，她將這片保存相當完好的點心拿至 eBay 標售，最後以兩萬八千美元售出。

同樣的事也曾發生在一九七八年一個新墨西哥州女子身上，但這次不是吐司，而是墨西哥玉米薄餅，薄餅燒焦的位置出現了耶穌的形象。透過媒體報導，成千上萬人蜂湧而至，只為親眼目睹那片耶穌玉米薄餅。這件事發生的兩年前，在一九七六年，維京號

（Viking）太空船從高空拍攝到一個浮現人臉的岩石層，「火星上的臉」因此上了各大報紙的頭條版面。

你呢？是否也曾在雲中看見一張臉，或在岩石中發現動物的輪廓？想必是有的。這種經驗其實是正常的，因爲我們的大腦會尋求模式和規則；更重要的是，如果大腦找不到這些，它就會自己發明。信號愈分散（就像磁帶的噪音），就愈容易讓人產生臆測；信號愈強，也就愈困難。在發現火星「人臉」的二十五年後，火星全球探勘者號（Mars Global Surveyor）拍攝清晰的圖像，才發現這張美麗面貌已粉碎成普通的碎石。

群聚錯覺在這些瑣碎例子中，看似無害，事實卻非如此。以每秒鐘產生大量數據的金融市場爲例，有個朋友興高采烈地告訴我，他認爲自己在這堆數據中發現了下面的規律性：截至收盤爲止，道瓊指數乘以油價，可以預估兩天內的黃金價格。換句話說，當今天的股市和油價走高時，明天黃金價格就會上揚。剛開始幾個星期確實如他所預測，直到他投入的錢愈來愈多，最後終於失去一生的積蓄。他看到了一個根本不存在的規則性。

○XXX○XXX○XX○○X○○XX○○，這個順序是個巧合嗎？心理學教授湯瑪斯．季洛維奇（Thomas Gilovich）對數百人提出這個問題，多數人不相信這組字母的順序是巧合，他們堅信背後存在某種規律性。答錯了！季洛維奇以骰子爲例解釋道，相同的數字有時也會連續出現四次。這個結果讓許多人十分驚訝，我們顯然不願相信這組字母排列純屬巧合。

二戰期間，德軍轟炸倫敦，大量使用一種無人駕駛、自我導航的ＶＩ飛彈。攻擊地點在地圖上的標示整齊分布，這讓倫敦人陷入恐慌：他們原本以爲套用理論可以找到彈著聚集點，進而知道城市的哪些地區是最安全的。但是戰後的統計分析證實，受攻擊點純粹是隨機分布。理由現在已經很清楚：ＶＩ的導航系統準確度極低。

結論：我們對於模式太過敏感了，所以，請保持懷疑的態度。**當你以為自己發現一種模式時，請先想想看是否純屬巧合**。當你覺得這個巧合美妙得難以置信時，請找一位數學家利用統計來檢驗數據。而當你在馬鈴薯泥醬汁中突然看見耶穌的臉龐，請問一問自己：如果耶穌眞要顯靈，爲什麼不現身在時代廣場或是電視新聞畫面上呢？

10 Effort Justification

勞力辯證

為什麼愈是辛苦得來的，我們愈珍惜

美國空軍士兵約翰剛剛完成降落傘測試。他以一名士兵身分等待著夢寐以求的降落傘胸針，上級最後終於驕傲地站在他面前，握拳用力敲打胸針，讓針腳插入胸肌。此後，約翰抓住每一個機會打開襯衫最上面的鈕釦，向人們展示這個小傷口。幾十年後，這個胸針被裱框，掛在他的客廳牆上。

馬克親手修復一輛生鏽的哈雷機車。他放棄每個週末和假期，不顧瀕臨破裂的婚姻，只爲了讓這台機車重振雄風。這曾經是個危機，但現在這部神駒終於在陽光的照射下閃閃發光。兩年後，馬克迫切需要錢。他試圖出售哈雷，但他的要價遠遠高於現實。即便有個感興趣的買家願意出兩倍市價，還是遭到馬克拒絕。

約翰和馬克都是**勞力辯證**（或譯辛勞觀）的受害者，也就是說，**當人對一件事投入大量精力時，就會誇大其價值**。爲了得到那個降落傘胸針，約翰必須忍受身體上的痛苦，所以胸針對他的價值高於其他所有獎章。馬克爲了這部哈雷投入大量時間，幾乎犧牲自己的婚姻，所以他估測它的價值如此之高，以致永遠賣不出去。

勞力辯證是認知失調的一種特殊情況。為了一個簡單的獎章而在胸口鑽個孔，可說是荒謬至極。約翰的頭腦為了平衡這個風馬牛不相及的事情，從而提高胸針的價值，把它從一個世俗的物品吹捧成某種準神聖的東西。這一切都在不知不覺中發生，而且難以阻擋。

團體會利用勞力辯證箝制成員，例如透過入會儀式，少年幫派和兄弟會申請者得在通過噁心且暴力的考驗後，才能成為會員。研究證明，「入學考試」愈難，隨之而來的驕傲感便會愈大。MBA課程也玩弄著勞力辯證的把戲，校方督促學生不眠不休地研究，有時幾近精疲力竭的邊緣。無論家庭作業多麼有益或愚蠢，一旦該學生取得MBA學位，他便會把它視為職業生涯的基本要件，因為他為此付出了這麼多的心力。

有種溫和形式的勞力辯證，稱為 IKEA 效應。有時候我們會把自己親手組裝的家具看得比昂貴的名牌家具更重、更有價值。或者是手工針織襪，我們不會把它們跟H&M買的襪子同等看待，即便它們變舊而且過時，也不會隨意丟棄。一整個星期為一項策略埋頭苦幹的經理，將對此策略失去批判的能力。專注於創作的設計師、編劇、產品開發者也是如此。

蛋糕預拌粉在五〇年代上市時，製造商深信這會成為熱銷品，結果卻正好相反。家庭主婦普遍不喜歡混合粉，因為它缺乏挑戰性，一直到製造商更改準備方法，讓這項產品變得稍微複雜以後（現在依照包裝指示，必須再打入一顆新鮮雞蛋），不僅提升了女性的自尊，也提升了她們對方便食品的評價。

如果了解勞力辯證，就能夠強迫自己更理性。試試看：當你對某事投入大量時間和精力時，請用客觀的態度來評估結果——只看結果就好。你費時五年寫了一本小說，但沒有出版社感興趣，或許它眞的得不到諾貝爾獎？你相信必須取得ＭＢＡ學位，但它眞的值得推崇嗎？還有那個追求多年的女人，難道她眞的好過另一個巴著你的女孩？

11 Law of Small Numbers

小數法則

為何小分店表現總是特別突出

你是一間擁有一千家門市的零售企業的董事會一員，會議上，一位受財務長委託、對棘手的「商店行竊」問題進行研究的顧問，正在說明調查結果。螢幕上斗大的字顯示著一百間失竊率最高（占銷售額百分比）的門市名稱，最上頭的粗體字寫著驚人發現：「失竊率最高的門市集中在鄉村地區。」在片刻的安靜與震驚後，財務長首先打破沉默說：「各位女士和先生們，事實已經擺在眼前。從現在起，公司將在鄉村各個分店安裝額外的安全系統。顯然，這些鄉下人會偷走所有未釘牢的東西！有人能解釋一下原因嗎？」

你能嗎？當然可以。你把問題顛倒過來，請這位顧問列出失竊率最低的一百間分店名稱。經過一陣手忙腳亂後，他製作出一份 Excel 報表。令人驚喜的結果出來了：盜賊最少光顧的分店大部分也都在鄉下！「農村不是重點，」你面帶微笑環視所有出席者說：「問題的癥結在於分店的規模。鄉下分店的規模往往很小，一件竊盜案便很容易左右失竊率，失竊率的波動幅度因此變大，而且遠遠高於城市中較大規模的分店。女士和先生們，**小數法則**擺了你們一道。」

小數法則並不是我們所直覺理解的那個意義，而這正是我們（特別是記者、經理和監事會成員）頻頻受騙的原因。讓我舉個極端的例子，現在不討論失竊率，而是分店雇員的平均體重。現在沒有一千家分店，只有兩間；一間規模極大，另一間十分迷你。大型分店有一千名員工，小分店只有兩人。大型分店的平均體重約等於人口的平均體重，我們假設爲七十五公斤；不管雇用或解雇員工，這個數字都沒有太大的變動。小分店的情況則完全不同，不論店長雇用一個胖子或一個瘦小的工作人員，平均體重就會出現大幅度的變化。

失竊的例子也是相同情況：分店規模愈小，失竊率的變動幅度就愈大。無論這名顧問如何排列他的 Excel 表，若依失竊率列出一張表，便會發現小分店集中在最底部，中間是大型分店，而頂端又是小分店。財務長的結論毫無意義，他大可省下小分店安全系統的安裝費用。

假設你在報紙上看到下面這個標題：「草創企業擁有較聰明的員工。」原因是「聯邦搞笑研究部」曾受委託對所有德國企業進行平均智商調查，其結果是：「草創企業拔得頭籌。」你對這個消息有何看法？希望你沒有任何意見，因爲這裡又回到小數法則的問題。草創企業往往雇用少數員工，其平均智商變化幅度遠高於那些大型企業，因此小型企業（草創企業）會出現在名單的頂端（底部）。既然如此，「搞笑研究部」的這項研究毫無說服力，充其量只證明了隨機的原則。

結論：當研究人員聲稱找到小企業、家庭、城市、資料中心、蟻丘、教堂、學校等的特別發現時，請勿大驚小怪。這裡被視為驚人的發現，其實都只是完全正常的隨機分布。諾貝爾經濟學獎得主丹尼爾・康納曼（Daniel Kahneman）在最新出版的著作中指出，即使是經驗豐富的科學家也會陷入小數法則的陷阱，這對我們常人來說，眞是個莫大的安慰。

12 Expectation
期待

謹慎地善用你的期待

二〇〇六年一月三十一日，Google 公布二〇〇五年第四季財報，營業額成長九七%，淨利成長八二%。這是創紀錄的一季。股市如何反應這個驚人的財務數字呢？它在數秒鐘內重挫一六%，交易被迫中斷。當股市再度恢復交易時，股價繼續下跌一五%。恐慌已然成形。一位絕望的交易商在部落格上寫著：「最適合自殺的摩天大樓是哪一棟呢？」究竟發生了什麼事？華爾街分析師本來預期會有更好的結果，但公司市值卻蒸發了兩百億美元。

每個投資人都知道，不可能準確預測財務獲利，理性的反應應該是：「預測不準，是我自己的錯。」但是投資人的反應往往不是如此。二〇〇六年一月，瞻博網路（Juniper Networks）宣布公司每股收益不到美金〇・一分（！），這遠低於分析師的預期，股價狂跌二一%，公司市值減少了二十五億美元。「失敗」其實無關緊要，但若事前有過度的期望，殘酷的處罰將隨之而至。

許多公司竭盡全力迎合分析師的預期，爲了擺脫這種恐怖束縛，有的公司選擇公開自己的期待獲利，即所謂的「獲利報告」。這並非明智之舉，因爲如此一來，整個市場都會密切注視這個內部期待，而且是以批判性的目光關注著。財務長被迫實現承諾，只好玩弄會計技巧。

期待不僅會導致不合理的刺激，還會激發令人稱道的動力。一九六五年，美國心理學家羅伯特・羅森塔爾（Robert Rosenthal）在不同學校進行一個著名的實驗，研究人員宣稱已經開發一種測驗，可以鑑別比較慢開竅的學生，也就是所謂「大器晚成型」的學生，以此欺騙老師。有二〇%的學生符合這個條件。事實上，這二〇%的人都是隨機挑選的。一年後，羅森塔爾發現這組「大器晚成型」的孩子，其智商增加幅度遠高於對照組的孩子。這種效應在史上被稱爲**羅森塔爾效應**（Rosenthal Effect）或**比馬龍效應**（Pygmalion Effect）。

不同於那些依據期待而故意調整自己行爲的執行長和財務長，老師們對羅森塔爾效應的影響純屬不自覺。也許老師會自然而然地更加關注這些晚成型的學生，因此他們的成績進步也較多。這些教師被這群優秀學生的期待所蒙蔽的程度，正好指出一個事實：他們相信這些學生的成績不僅會更好，也擁有較好的人格特質。

我們如何回應自己的期望呢？這裡涉及到安慰劑效應（Placebo Effect）——在化學上

不可能有療效的藥物和治療，實際上卻眞的能發揮作用。三分之一的患者證實安慰劑效應有其效果，但是我們對該效應的運作原理爲何，卻知之甚少。事實是：**期待會改變大腦的生物化學，進而擴大至全身**。正因爲如此，安慰劑效應無助於阿茲海默症患者，因爲人類大腦中產生期待的區域，在他們身上無法正常運作。

結論：期待可以虛構，但其效果卻非常眞實。期待有改變現實的能力。我們能夠擺脫它嗎？我們能夠過著沒有期待的生活嗎？不能。但是我們可以更加謹愼地運用它。給予自己和所愛的人更多的期待，這會增加他們的動力。同時，對於你無法掌控的事物，請降低對它們的期待，例如股市。這聽起來也許有點自相矛盾，但免受不愉快驚奇之害的最好方式，就是期待驚奇。

13 Simple Logic

簡單的邏輯

不要相信每一個直覺

請在本書頁緣寫上以下三個簡單問題的答案。（A）賣場裡，一支乒乓球拍和一顆乒乓球的售價共計一．一歐元，乒乓球拍比乒乓球貴一歐元，請問一顆乒乓球賣多少錢？（B）在一家紡織廠裡，五台機器需要整整五分鐘完成五件襯衫，請問一百台機器生產一百件襯衫需要多少分鐘？（C）一座池塘種有睡蓮，它們繁殖快速，每天增加一倍的面積，而睡蓮完全覆蓋池塘需要四十八天，請問覆蓋一半池塘需要多少天呢？沒寫出答案前，請勿閱讀下文。

這三個問題中，每道題目都有一個直覺的答案，和一個正確的答案。我們直覺先想到的是十分錢、一百分鐘和二十四天，但直覺的答案是錯誤的。正確的答案是五分錢、五分鐘和四十七天。你答對了幾題呢？

夏恩．佛德瑞克（Shane Frederick）發明了這個「認知反射測試」（Cognitive Reflection Test，簡稱CRT），並測試過成千上萬人。麻省理工學院的學生表現最爲優異，CRT平均爲答對二．一八題。普林斯頓大學學生位居第二，平均答對一．六三題。接著是密西根大學的〇．八三題。但在這裡，有趣的不是平均值，而是成績優異的人和其他人之間的差別。

我們用以下的問題為例：你認為手裡一隻鳥的價值高於竹林中的兩隻鳥嗎？佛德瑞克發現，CRT較低的人往往喜歡一鳥在手，他們行事偏向保守，不愛冒險，認為「聊勝於無」。相反地，答對兩個以上問題的人，傾向竹林中的兩隻鳥，也就是選擇高風險。大多數男人屬於這一類型。

這兩組的差別，在於放棄的能力。我們已在《思考的藝術》中的〈雙曲貼現〉一章了解到「及時行樂」，佛德瑞克因此提出這個問題：「你想要立刻得到三千四百美元，或等一個月後拿到三千八百美元呢？」低CRT的人會選擇三千四百美元立即入袋，他們無法耐住性子，反應比較直接，這個特質同樣出現在購買決定上。然而，高CRT的人多數選擇等待一個月，他們駕馭意志力，選擇放棄立即性的滿足，並因此在日後得到獎勵。

思考比感覺更累人；理性的斟酌比直覺需要更高的意志力。換句話說，依直覺行事的人比較少提出質疑。心理學家阿米塔伊．沈哈夫（Amitai Shenhav）和他的研究同事想到了一個主意，CRT結果也許能夠說明信仰的不同，而事實的確如此！CRT值較高的美國人（該研究僅在美國進行）往往是無神論者，且他們的信仰會隨著時間更加堅定。相反地，CRT值較低的美國人則傾向信仰上帝，相信「不朽的靈魂」，甚至比較常經歷「神蹟」。這是有道理的，愈容易聽任直覺下決定的人，就愈無法以理智挑戰宗教觀念。

如果你不完全滿意初步得到的CRT值，並希望提高它，那麼**對最簡單的邏輯問題保持懷疑態度，才是明智之舉**。並非所有似是而非的事都是眞的，請拒絕相信乍聽之下合理的廢話。你也同意嗎？好了，再來一個小小的測驗：你以時速一百公里從A地開到B地，再以時速五十公里開回來，請問平均時速是多少？七十五公里？不要急著回答，要謹慎，不要急！

正確答案：時速六六・六六公里

14 Forer Effect

福勒效應

如何拆穿騙子的謊言

敬啓者：或許你覺得訝異，不過，我相當了解你這個人。我會如此評斷你：「你不只希望受到他人的喜愛與敬仰，也喜歡批判自己。雖然你的個性有些缺陷，但一般來說，你都能設法彌補。你有著驚人的潛能尚待開發。外在表現出的強硬與自律，讓你感到不安與憂慮。有時候，你會懷疑所做決定的準確性。你喜歡一定程度的改變，但在受到限制與桎梏時感到不愉快。你爲自己能獨立思考而自豪，不會接受旁人沒有根據的言論。你認爲對他人太過坦率是不明智的。有些時候你表現外向，爲人和藹可親且開朗，有些時候卻又內向、多疑而謹慎。在某些情況下，你的願望似乎有些不切實際。」如何？你是不是又重新認識自己了？從〇（不符合）到五（完全符合），我的評斷可以得到幾分呢？

一九四八年，心理學家巴納姆．福勒（Bertram Forer）請他的學生讀上述那段文章，這篇文章是他取材自不同雜誌裡的星座解說，拼湊而成的。福勒讓每個學生相信這是他專爲每個人所寫的內容，學生們對福勒給予的性格描述平均給了四．三分，準確性八六％。在接下來的幾十年裡，他重複進行一百次相同的實驗，幾乎每次都得到相同的結果。

若你在相同情形下讀到這些文字，相信也極有可能給予四或五分的高評價。通用於一般人的人格描述，一旦用在自己身上，便會讓人覺得非常準確，科學界將這種傾向稱爲**福勒效應**（也稱爲巴納姆效應）。福勒效應解釋了爲什麼僞科學，包括占星術、占星治療、筆跡學、生理韻律、手相、塔羅牌、通靈能夠如此風行。

福勒效應後面隱藏著什麼樣的訊息？首先，福勒文章中的大部分內容放諸四海皆準，適用於所有狀況。「有時候你會十分懷疑自己行動的正確性」——誰不是呢？其次，我們會接受不適合自己的恭維話語。「你該爲自己的獨立思考感到驕傲」——沒錯，誰會承認自己是個盲從的人呢？第三點牽涉到所謂的正面特點效應（Feature Positive Effect），文章中都沒出現負面的人格特點，雖然說人格缺陷亦屬於人格描述的一部分。第四是所有思考錯誤的源頭，亦即確認偏誤（Confirmation Bias）現象。我們接受符合自己的自我描述，然後不自覺地排除其餘不合的部分，留下和諧的形象。

這些占星家和手相算命師善用的伎倆，商業顧問和分析師早已駕輕就熟了。「即使在一個更爲艱困的競爭環境裡，ＸＹＺ這支股票還是有顯著的上漲潛力。該公司缺乏的僅是全面實現研發部門的想法的執行力。管理團隊由經驗豐富的專家組成，而這正是官僚化的源頭。損益表中清楚地指出，公司還有可以節省的空間。我們建議要更積極地將焦點轉移到新興市場，以確保公司未來的市場占有率。」聽起來不錯，不是嗎？這些話保證適用於每支股票。

我們如何評斷大師的功力，例如占星家？你可以請他在小卡片上，寫下二十名受測者的性格。爲了確保隱密性，這些小卡片以一到二十的編號取代受測者的名字。每個人都不知道自己的編號，而且會拿到所有小卡片內容的影本。當（幾乎）每個人都挑出符合自己號碼的小卡片時，就能知道是否遇到眞正的大師了。至今我還沒有遇到過。

15 Volunteer's Folly

志工的愚蠢

為什麼大明星才能當志工

雅克是一名非常忙碌的攝影師，他受時尚雜誌之託，穿梭在米蘭、巴黎和紐約間，不斷尋找最美麗的女孩、最獨特的創作，與完美的燈光。他活躍於舞台上，荷包也確實滿滿——他每小時的收入最少五百歐元。「跟商業律師一樣多，」他向同行們炫耀著：「我用鏡頭賺的錢，看來比銀行家還多。」

雅克的生活令人稱羨，但近來他卻變得鬱鬱寡歡，似乎有什麼東西使他和時尚界漸行漸遠。他突然開始厭惡這種自私自利的行業。有時他躺在床上看著天花板，嚮往更有意義的工作。他希望自己能不考慮私人利益，投入「淑世」的行列，不管它是多麼微小。

有天，他的手機響了，來電的是老同學帕崔克，現在擔任當地鳥類保護協會的理事長。「這週六要舉辦年度的鳥屋活動日，我們需要志工前來幫助這些瀕臨絕跡的鳥類，爲牠們建造特別的鳥屋，再把這些鳥屋放在森林裡。什麼時候？我們早上八點見，中午應該就可以結束。」

如果雅克眞的想要「淑世」，應該如何回答呢？是的，他應該拒絕這個邀請，原因是他每小時可以賺五百歐元，而一個木匠的時薪是五十歐元。雅克可以額外多做一個小時的攝影師，然後聘請專業木匠建造他六小時都做不出來的鳥屋，這才是有意義的。剩下來的兩百歐元，他可以捐給鳥類保護協會（這裡先不討論稅的問題）。這麼一來，他會比自己親自動手做出更多「淑世」的貢獻。

儘管如此，雅克決定親手建造鳥屋的機會還是很高，經濟學家稱這種情況爲**志工的愚蠢**。這種現象目前相當廣泛，在德國，有三分之一的人投身志工事業（瑞士缺乏此類調查）。我們可以繼續延伸上述的論點，如果雅克決定自己建造鳥屋，而不是委請木匠代勞，那麼木匠便少了一個工作機會，這當然對「淑世」沒有貢獻。

接著，我們要面對利他主義這個棘手問題。究竟有沒有無私這種事？難道每個志願服務都沒有連結到個人利益嗎？在德國政府的《志工調查報告》中可以清楚看出，志工最強烈的動機是尋求社會參與的一種民主需求形式，由此獲得社會接觸、興趣與全新體驗的願望，這並非無私奉獻。相反地，嚴格來說，只要任何一個人從志願服務中得到一絲絲滿足，便不是一個純粹的利他主義者。

我們已經看到，如果雅克額外多接一些攝影工作，再捐出部分金錢，那將是他所能提供的最有效幫助。如果他能將自己的專業知識運用在志願服務上，這才有其意義。鳥類保護協會若計畫要設計一封附有照片的募款信，而且只有頂尖攝影師才能完成的話，雅克可以自己來拍，或是額外工作一小時，然後把多賺的錢捐給協會聘請頂尖攝影師。

但如果雅克眞的答應蓋鳥屋，代表他眞是個傻瓜嗎？我想未必。志工的愚蠢有一個例外：**真正的名人**。要是波諾（Bono）、凱特・溫斯蕾（Kate Winslet）或馬克・祖克伯（Mark Zuckerberg）被拍到在蓋鳥屋、清理遭石油汙染的沙灘，或者拯救地震災民時，會使這些事情得到無可估計的廣大關注。因此，雅克必須以批判性的角度，判斷自己是不是一個眞正的明星，或者只是一個過度自誇的人。

這同樣適用在你我身上：如果走在路上時沒有人簇擁著你，你就應該婉拒志願服務，而以捐款代替。

16 Affect Heuristic

情意的捷徑

為什麼你是感覺的傀儡

你對基因改造小麥的看法是什麼？這是個有著許多面向的話題，你不想草率回答。理性的做法是列出這項備受爭議的科技的優缺點後，再逐一分析。你列出所有可能的優點，加權後再乘以實際發生率，就會得到一個期望值列表。

同樣的事在缺點方面再做一次：列出所有缺點，評估潛在損害，乘以發生機率。之後以正面的期望值減去負面的期望值，就會得到淨期望值。若淨期望值大於零，代表你贊同基因改造小麥；反之，代表你反對基因改造小麥。

你可能已經看過這種方法，在關於決策理論的書中，都可以讀到類似的描述。但同樣地，你也可能從來沒有在評估時如此大費周章地如法炮製。當然，寫這些教科書的教授們，也絕不會依此方法選擇他的妻子。

沒有人會這樣做。首先，我們沒有足夠的想像力去列出所有可能的利弊得失。我們所想到的優缺點會受限於自身有限的經驗而難以超越。就像一個三十歲的人，很難想像百年難得一見的風暴。其次，要計算小機率事件是不可能的，因爲罕見事件無法提供足夠的數據基礎。最後，我們的大腦並不是爲這樣的計算而建構。在人類進化史中，思考太久的人，下場就是被野獸吃掉。我們是快速決策者的後代，我們使用的精簡思考被稱爲**捷思法**（Heuristics）。

其中最受歡迎的是**情意的捷徑**。情緒是一時的感覺波動：你喜歡某些東西或不喜歡某些東西。「飛機噪音」這個詞會讓你產生負面情緒，而「豪華」這個詞則會帶來正面感覺。這種自動的、單向的衝動，會阻止你將風險和利益視爲獨立個體來分析，但它們本來就該如此。你反而將風險和利益繫在同一條情緒線上考量。

你對於核電、有機蔬菜、私立學校或機車等問題的情緒態度，決定了你如何評估其風險和利益。對於自己喜歡的東西，你會相信其風險是小的，其利益是巨大的。保羅・斯洛維奇（Paul Slovic）調查數千人對於不同科技的態度後，驗證了這種關聯性：我們是感覺的傀儡。如果沒有情意的捷徑，我們就會獨立評估風險和利益。

更令人印象深刻的是：假設你擁有一輛哈雷機車，而且你從一項研究中得知，其危險性竟然比預期來得高，但你還是會下意識地調整自己條列優點的標準去評估它，比方「它可以帶來更多的自由感」。

那麼，這種直覺的本能情感究竟是如何產生的呢？美國密西根大學的研究人員在不到百分之一秒的時間內，投影下列圖像（包括面帶微笑的臉、憤怒的臉和中性圖像）的其中一張後，要求受測者表明他們是否喜歡中國字。看過笑臉圖像的受測者，其答案多數是正面的。

因此，**看似不起眼的東西會影響我們的情緒**，甚至引發股市情緒（Market Sentiment）這種奇特而複雜的心情。研究人員赫許萊夫（Hirshleifer）和孫韋（Shumway）在一九八二年至九七年間，針對早晨的日照長度和日常股市表現的關係，研究二十六個主要股票市場，確定了一個如農諺般的相關性：早晨太陽普照時，當天股市便會上漲。當然並不總是如此，但往往有這種傾向。早晨的陽光感覺就像一張笑臉。

結論：面對複雜的決策時，你會先問問自己的感覺，以「我覺得呢」取代「我對此有何看法」。當然，第一時間你絕對不會承認這點。

17 Introspection Illusion

內省錯覺

為什麼你應該成為自己的異教徒

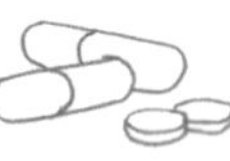

布魯諾是一位維他命錠劑的製造商。他的父親創辦這家公司時，維他命還不是什麼時尚的保健食品，而是由醫生開立的處方藥品。當布魯諾於九〇年代初接手公司時，維他命和保健食品的需求急遽升高。布魯諾利用這個好時機，貸款至最高額度，以擴大生產量。如今，他是最成功的供應商之一，同時也是歐洲維他命生產商協會的主席。從小時候起，他每天至少吃三顆維他命。有位記者曾問他，維他命是否對健康有益，他回答說：「對此我深信不疑。」我的問題是：你相信他嗎？

我同時要問你另一個問題。請說出一個自己堅信不移的想法，好比說，金價將在未來五年內上漲，或者，你相信上帝存在。只要是你堅信的事即可，然後把它寫成一個句子。我的問題是：你相信嗎？

好吧！經過一番評估，你認爲自己的信念比布魯諾的更爲可信，對不對？原因是：對於自己的情形，你處在一種內在觀察；對於布魯諾，則是外在觀察。簡單地說，你可以看見自己的內心，卻看不見布魯諾的內心。

對於布魯諾的情況，你可能會想：「他的利益所在使他認為維他命是有益的，況且他的財富及社會地位與其公司的成功息息相關。他必須保持家族的傳統，而且在漫長的生命中，他吃了那麼多顆維他命，絕對不會承認這麼做毫無意義。」不過你的情況不同，你直接詢問自己的內心，全然坦率、毫無偏見。你這麼相信著。

但是，發自內心究竟有多純粹與實在？瑞典心理學家彼特・約翰森（Petter Johannson）迅速向受測者出示兩張人像照片，他們必須選出哪張臉較具吸引力。接著約翰森拿出一張與「被選定」照片十分相似的照片，請受測者解釋，為什麼他們覺得這張相片裡的人較具吸引力。約翰森使用巧妙的手法，在最後一刻交換了照片。大多數受測者都沒注意到照片已被更換，於是開始詳細說明為何他們覺得這張（錯誤的）相片比較好。研究結論是：**內省並不可靠。當我們注視內心時，自己卻已在虛構某些事情**。

這種認為在自我探詢中會找到真實性或準確性的信念，被稱為**內省錯覺**（有時德文會譯成「選擇的盲目性」和「自我觀察的錯覺」）。這是一種過度鑽牛角尖的反應。因為我們如此堅信自己的信念，當有人不同意我們的看法時，我們通常會出現三種反應。反應一是「**無知的看法**」，簡單地說，這類人缺乏必要的訊息。如果他們知道這些訊息的話，一定會支持我的。他們需要的只是說明。政治人物就屬於這一類，他們往往認為可以透過宣教說服他人。

反應二是「**白癡假設**」，這類人已獲得必要的訊息，但大腦尚未完全發育，所以不能得出正確的結論。他們就是個笨蛋。這種反應特別受到官僚喜愛，他們總是期待「愚笨的」消費者能夠保護自己。

反應三是「**惡意假設**」，這類人不只知道必要的訊息，他們甚至可以理解，卻選擇故意對抗。他們是惡意的。許多宗教信徒認爲那些不信他們的宗教的人一定是魔鬼！

結論：沒有什麼比自己的信念更具說服力的了。如果你不惜一切代價堅持下去，當然會是如此，但這也是很危險的。反思、內省大部分都是捏造出來的東西，太相信自己和相信自己太久，覺醒時會更殘酷。因此，你**愈是相信某樣東西，愈是應該以更批判的角度來看待它**。一個聰明的人不需要教條，讓自己成爲自己的異教徒吧！

18 Unable to close doors

無法關上機會之門

為什麼你需要破斧沉舟

我的床邊堆了兩打書，每本都只看了開頭幾頁。其實每本我都愛不釋手，卻沒有一本可以讀完。我悠閒地這裡看一些，那裡讀一點，儘管花了不少時間閱讀，這種方式卻讓我無法眞正理解書中的眞諦。我當然知道好好地先讀一本，把其他的書擺在一旁，會有良好的閱讀效果。我爲什麼不這麼做呢？

我認識一個男人，他同時與三個女人交往。他愛她們，也願意與其中任何一個共組家庭。然而，他無法決定究竟該選擇誰，因爲一旦做出選擇，就代表他勢必要與其他兩位女友分手。如果他沒有選擇，所有的可能性會依然存在，不過代價就是無法建立一段眞正的婚姻關係。

我看到有些年輕人同時攻讀兩個或三個學程，誤以爲日後會有更多的就業機會；可是，如果有更多機會反而是一種錯誤呢？

公元前三世紀的中國，項羽率領軍隊橫跨長江，與秦軍交戰。當士兵們睡著時，他放火燒掉所有的船隻。第二天，他跟三軍將士說：「現在你們可以選擇：戰勝或是敗死。」

他想要部隊凱旋歸來，遂將部隊的焦點轉移至取勝的唯一途徑：戰鬥。西班牙征服者科爾特斯（Hernán Cortés）也曾在十六世紀時使用同樣的方法，在登陸墨西哥東海岸後，他便將自己的船沉入海底。

項羽和科爾特斯算是例外，一般人都會盡可能地讓自己保留許多選項。心理學教授丹・艾瑞利（Dan Ariely）和申智雄（Jiwoong Shin）利用電腦遊戲告訴我們這項本能有多強。螢幕上可以看到紅色、藍色和綠色三扇門，每位玩家有一百點積分，每開一扇門就會被扣一點，但在每個房間可以贏取不同的積分。玩家可以輕易得知哪個房間的積分最多，而他們的選擇也相當合乎邏輯：找到積分最高的房間，然後整個遊戲時間內都停留在那裡。現在艾瑞利和申智雄改變遊戲規則，如果某扇門連續十二次都沒有被敲點，這扇門就會永遠消失。玩家們開始在三扇門之間急切地來回敲點，以防止通往潛在藏寶房的那扇門消失。如此一來，他們比之前停留在最高積分的房間時減少了一五%的積分。接著，實驗者增加開門的扣點，打開一扇門從原先的扣一分提高爲扣三分。情況沒有改變，玩家繼續付出他們的積分，只爲保留所有的選擇性。即使艾瑞利告訴這些玩家哪個房間可以得到多少積分，玩家們還是維持自己既有的玩法。他們無法忍受失去選擇的想法。

爲什麼我們會做這種愚蠢的事呢？因爲這些事帶來的缺點並不明顯。在金融界中，這種情況是顯而易見的，選擇一張股票往往要付出一些成本。在其他方面，選擇也要付出代價，但它是隱藏性的：每個選擇都耗費精力，也會消耗寶貴思維和生活時間。每個擴張計畫都要查驗的執行長，到後來必定兩頭空。想滿足每一個客戶的企業，最後誰都無法滿足。一直模仿領導品牌的銷售商，到最後一定沒有顧客。

結論：我們像著了魔似地把事情全往身上攬，有求必應，來者不拒，但這種態度不會帶給我們成功。我們要學習關上門，爲自己擬訂一個生存策略，它與公司策略類似，都是**忽視某些可能性，以做出明智的決定**。〈我居住在無限可能之中〉（I dwell in Possibility）是十九世紀詩人艾蜜莉．狄金森（Emily Dickinson）的一首美麗詩作。不錯，詩是很美麗，但無法爲我們帶來利益。不過，當時的詩人本來就不是偉大的策略家。

19 Neomania
嗜新狂

為什麼我們會用新東西取代好東西

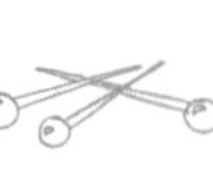

五十年後的世界會是怎樣的景象？你的日常生活將會如何運作？圍繞著自己的會是哪些東西？五十年前問這些問題的人，對於我們現在的世界描繪了若干奇特的想像：天空滿布飛行的汽車；城市與水晶世界相仿；在玻璃帷幕大樓之間，磁浮列車像義大利麵般盤旋其中；我們睡在塑膠製成的小房間裡，在水底城市工作，在月球上度過暑假；小藥丸可以提供我們營養；我們不再生小孩，而是從目錄中挑選後代；我們最好的朋友是機器人；死亡已經消失，而腳踏車老早就被我們換成噴射背包了。

看看你的四周：你坐在椅子上，這是埃及法老王時期的發明；你穿著褲子，這是五千年前的發明，經由公元前七五〇年的日耳曼人改造而成；你腳上的皮鞋，概念源自上一次冰河期；你的書架（可能是 IKEA 的「Billy」系列）不是塑膠製品，而是由木材製成，它也是世界上最古老的建築材料；你可能戴著眼鏡，與你的曾祖父相同，正在閱讀印在紙上的文字；跟你的曾祖父一樣，你也可能坐在木桌旁，使用叉子（這是羅馬時代著名的「殺手鐧」）將一塊死去的動物和植物放入嘴裡。一切彷彿未曾改變。

但五十年後的世界究竟會如何？哲學家納西姆・塔雷伯在二〇一三年初發行的最新著作《抗脆弱性》（*Antifragile*）中給了一個提示：你假設大部分至少已經存在五十年的技術，還可以繼續運作五十年。而你也預期最近幾年出現的技術，將在未來幾年內過時。爲什麼呢？你觀察這些技術就像觀察動物一樣：凡是可以抵擋創新風暴而撐過數個世紀的，也可以繼續挺過未來的挑戰。舊的東西可以持續存在，因爲其中有個邏輯，即便我們無法理解。如果有任何東西能夠持續超過百年，其中必定有什麼原因。

任何一個沉浸於想像未來的社會，都會過於強調時下最熱門的發明，也就是當前的「殺手鐧」。每個社會都會低估傳統技術的角色。一九六〇年代屬於太空年代，所以我們會描繪到火星出遊的學校旅行。一九七〇年代塑膠風行，我們因此認爲未來我們可能住在塑膠房子裡。我們系統性地高估了新發明的作用，塔雷伯認爲這些都屬於嗜新狂的思考錯誤：瘋狂熱中於新的事物。但**最新熱潮褪色的速度，比我們想像得還要快**。當你下次參加策略座談時，要將此謹記於心。五十年後的日常生活，看起來大部分會與你目前的生活相似。當然，不時會有一些利用所謂的神奇技術發明出的小玩意兒，但多數壽命短暫，鬼扯過濾器（塔雷伯）能將它們一一篩除！嗜新狂還有另一個面向。在此之前，我非常同情所謂的「早期採用者」，這是一種沒有最新一代 iPhone 就活不下去的人。當時我以爲他們只不過是趕流行的人，不過現在，我把他們當成是患了某種病的非理性人類。一項發明能帶來什麼實質的好處，對他們來說根本毫無意義，重要的是它獨一無二，而且是全新的。

很明顯地，當你預測未來時，應該不會太過激進。馬克斯・弗里施（Max Frisch）在一九五七年出版的小說《玻璃玫瑰》（*Homo Faber*）中非常漂亮地指出這點。書中說到，弗里施請一位教授對電子網路的烏托邦做出預言，這位教授說：「先生們，你們或許會訕笑，但是事實就是如此，旅遊是一種返祖現象，會有這麼一天，因爲不再有交通，只有新婚夫婦才能乘坐出租車環遊世界，除此以外，沒有任何人會那麼做。」我在幾個月前讀過這段文字，就在飛往紐約的班機上。

20 Sleeper Effect

睡眠效應

為什麼宣傳有用

第二次世界大戰期間，每個國家都在拍攝宣傳影片。全國民眾，特別是軍人，應該以熱情爲自己的國家奮戰，必要時失去性命也在所不惜。美國在宣傳上花了這麼多錢，因此一九四〇年代的作戰指揮部希望了解這些昂貴的宣傳影片是否達到其目的。他們進行一系列的研究，想要知道普通士兵在看過宣傳影片後，態度是否有所改變。結果卻令人大失所望：這些電影絲毫激不起士兵們對戰爭的熱情。

是因爲電影拍得不好嗎？幾乎不可能。其實是因爲觀眾知道這些是宣傳電影，所以在播放之前，便已對電影中傳達的意念感到不齒。儘管影片論點合乎邏輯或情節感人，但觀眾會立刻貶低其所要表達的意義。

九週後，意想不到的事情卻發生了。心理學家針對士兵們對戰爭的態度進行了第二次的評估，結果九個星期前看過電影的士兵，對戰爭的同情明顯高於尚未看過電影的士兵。顯然，宣傳依舊有用！

科學家們百思不得其解，特別是當時早已知道，論據的說服力會隨著時間的推移遞減，就像放射性物質般衰變。你一定有過親身經驗，比如你讀了一篇關於基因治療優點的文章，閱讀後感覺受到鼓舞，於是滿心喜悅。但是幾個星期過去，你已經不太記得其中的內容。再過幾週後，你對基因治療的熱情幾乎不存在了。

令人驚訝的是，宣傳正好相反。人們會受到宣傳的影響，而且說服力會隨著時間愈來愈高。為什麼呢？主導作戰指揮部這項研究的心理學家卡爾・霍夫蘭（Carl Hovland）稱這個謎題為**睡眠效應**（這個概念源自間諜活動）。目前關於該效應最好的解釋是：相較於想要表達的論點，對於論點的來源，我們遺忘得比較快。換句話說，大腦對於訊息來源（宣傳部）相對會忘得比較快，卻不會那麼快就把訊息本身拋到腦後（戰爭是必要的，而且是一件好事）。因此，**從一個不可信的來源所獲得的訊息，隨著時間推移，也會變得可信**。不具價值的訊息來源，其消失速度比遺忘訊息內容還要快。

在美國，幾乎每次選舉都會出現對手陣營抹黑的醜陋廣告。但法律規定，至少在廣告結束時，必須明確署名廣告贊助者。每個觀眾藉此可以清楚知道，這是競選廣告。但大量的研究指出，睡眠效應在這類廣告中也能可靠地完成其工作，對猶豫不決的選民尤其有效。誰推出廣告會被忘記，不過他的醜陋論點卻會讓人記憶深刻。

我時常在想，為什麼廣告會有效果？每個頭腦清楚的人必須在看到廣告時，立刻比較並且貶低可識別的廣告訊息。但是，即使聰明如你，也不可能每次都會成功。最有可能是在幾個星期後，你已經不知道一個特定的訊息究竟是從調查研究的文章中，還是從旁邊的廣告欄裡獲取的了。

那麼，你要如何對抗睡眠效應？首先，**不要接受任何不請自來的建議**，即使它們是出於一片好意，這樣你在一定程度上可以保護自己不被操控。其次，**盡可能遠離不良的廣告來源**。還好，書本（還）沒有廣告！第三，**盡量回憶你熟悉的每一個論點來源**。誰說的？爲什麼？誰會受益？你必須像個提問的調查員。這個工程十分浩大，也會使你的思維變慢，但會讓你更加清晰。

21 Alternative Blindness

選擇盲從性

為什麼你總是對最好的選擇視若無睹

你正在翻閱一份ＭＢＡ課程的招生簡章，看起來非常吸引人。你的目光注視著上面的照片，那是爬滿常春藤的校園和先進的運動設施。到處都是來自全球各地開懷大笑的學生（特別強調年輕女性，以及年輕的中國和印度學生）。最後一頁有一張投資收益表，上面會告訴你，就經濟角度來看，ＭＢＡ頭銜絕對值得投資，你雖然付出十萬歐元的成本，但之後的工作會讓你的淨收入在退休時，比從事一般工作的非ＭＢＡ學生多出四十萬歐元以上。三十萬歐元的利潤顯而易見，不是嗎？那可不盡然。你正游走於四個思考陷阱的風險裡：「泳將身材的錯覺」（《思考的藝術》一書曾介紹）證明，ＭＢＡ課程吸引人們，讓人們在職業生涯中看重它，並因此認爲他們可能因爲這個頭銜而比其他沒有ＭＢＡ學歷的人獲得更高的收入。第二個思考錯誤：念ＭＢＡ需要兩年時間。假設這段時間裡你損失的收入爲十萬歐元，那麼念ＭＢＡ的花費不是十萬，而是二十萬歐元。好好投資這些錢的話，很快地你便能擁有超過ＭＢＡ學位所帶來的額外收入。第三個思考錯誤：將爾後三十年的收入折現，可說是愚蠢至極。我們怎麼會知道三十年後的世界是什麼景象呢？第四個思考錯誤：這麼做並不是說「不要MBA」，而是也許有不同課程，它的價格比MBA少得多，但也是職業生涯所需。第四個思考錯誤正是我們所感興趣的，它被稱之爲**選擇盲從性**：我們忘記有系統地比較次好的選擇建議。

這裡提供一個金融界的例子。假設你的帳戶裡有一些資金，請理財專員建議你如何運用這些錢。他建議可以購買債券，以賺取五%的利息。「這遠比一般存款的一%利息好太多了，」他這麼說。買債券是否有意義？我們不知道，因爲拿債券與儲蓄帳戶相比是不正確的。正確的方法應該是比較債券與其他投資選項，然後選擇最理想的才是。投資大師華倫・巴菲特便是如此，他說：「在時間允許下，我們會把每一項交易與次佳的選擇相互比較，即便這意味著有更多的工作。」

與巴菲特不同，政客們經常具有選擇盲從性。假設你居住的城市當局規畫要在目前的綠地上興建一座運動場。支持者認爲與一片草皮相較，一個體育場可以爲居民帶來更多情感和經濟上的需求。但是，與草皮做這種比較是錯誤的，正確的做法應該是比較運動場與其所排擠的其他選項，例如一所學校、一家醫院、一座焚化爐等，乃至於賣掉空地，然後將錢投資在股市上。

你呢？也是個選擇盲從性的人嗎？假如醫生發現你有一顆腫瘤，五年內一定會病發身亡，因而建議你進行一項複雜的手術，成功的話可以完全切除腫瘤，但手術有百分之五十的致死機率。你會如何決定？你開始衡量五年內或下週就有百分之五十的死亡機率。選擇性盲目！也許會有另一種侵入性手術的選項，它無法完全切除腫瘤，卻更爲安全，而且能增加十年的壽命。誰知道，或許未來幾年，市場上會出現一種既無風險又能切除腫瘤的療法。

結論：如果你面臨A和現狀（沒有MBA、空無一物的草地、不施行手術）之間的選擇，你會傾向在A與現狀間進行比較，這是錯誤的。你必須做足功課，比較A與B、C、D、E和F的差異，否則別人很快就會用X或Y來欺騙你。

22 Social Comparison Bias

社會比較偏差

為什麼我們會抹黑嶄露頭角的人

在我有本書登上暢銷書排行榜第一名時，出版商請我幫個忙。一位同事的書距離排行榜前十名僅一步之遙，出版商希望我能寫段推薦文字，或許可以助他一臂之力。推薦文放在封底上，充滿了溢美之辭。讓我感到吃驚的是，這些推薦總是有其功用。一般只有讚美的評論會放在封底，而理性的讀者應該會忽略這些奉承言詞，或者至少會拿來與不難在他處讀到的嚴厲評論相互比較。無論如何，出版商堅持要我寫幾句讚美之詞，而我猶豫著為什麼要做這種不利己的事。為什麼我得幫助一個可能在不久後就會跟我爭奪排行榜冠軍的人呢？我已經寫了不少這類的推薦文字，但那些人都算不上我的競爭對手。然而這次，**社會比較偏差**影響了我。那是一種傾向，使你不想推薦其他可能會超越你的人；這也包括那些即使你推薦了，但長時間也不可能超越你的人。

書籍推薦是社會比較偏差裡一個無害的範例。但在科學界，情況就顯得陰狠許多。每位科學家的目標，都是盡可能地在最負盛名的科學期刊上發表文章。如此一來，你將會建立自己的專家聲望，而不需太久時間，編輯便會找你評斷其他科學家的論文。通常只會有二或三個專家決定要刊登哪些文章，如果此時有個年輕學者寄來一篇足以撼動世界、改變整個學科，並將目前的泰斗拉下台的論文，會發生什麼事？他們會特別嚴厲地審閱這篇文章，這就是社會比較偏差。

心理學家史蒂芬・賈西亞（Stephen Garcia）和他的研究同事描述了一位諾貝爾獎得主的情形，他一直阻止一個年輕有爲的同科學者申請「他所在」大學的教職。這種行爲短期間還可以理解，然而長期如此，便是不合理的了。這位諾貝爾獎得主所冒的風險是把這位年輕天才學者推向另一個研究小組，讓他在那裡貢獻才能。賈西亞推測，社會比較偏差可能是造成多年來幾乎沒有一個研究團隊可以一直保持在頂尖地位的原因。

社會比較偏差也是草創企業最常犯的錯誤之一。蓋伊・川崎（Guy Kawasaki）擔任蘋果「公關總監」有四年的時間，如今他是一位風險資本家，提供建議給創業者。川崎說：「A咖（優秀的人）玩家會聘請A^+玩家，也就是比自己強的同事。相反地，B咖玩家會聘用C咖人物。然後，C咖用D咖，D咖用E咖。長此以往，幾年後該公司只會有Z咖。」我的建議是：**聘用一個能力比你更強的人，否則你的公司很快就會滿是輸家**。此現象也就是所謂的**井蛙現象**（Dunning-Kruger Effect）：能力差的人通常無法認知到自己無能的程度。

當二十五歲的牛頓（Issac Newton）向他的教授巴羅（Issac Barrow）展示他在閒暇時（他的學校在一六六六至六七年間因爲瘟疫而關閉）所做的研究後，巴羅毫不遲疑地放棄自己的教授職位，讓他的學生牛頓繼任。最後一次有教授只因爲要給一位更優秀的人發揮所長，從而放棄自己的教職，是什麼時候呢？有沒有執行長願意離職，只因爲看到兩萬名員工中有任何一位做得比他更好呢？我從不記得有這種事發生過。

結論：**支持那些比你更優秀的人才**。短時間看來，你會使自己處於危險之中，但長遠看來，你會從中獲益。因爲那些人最後終究會超越你，而在此之前，你應該跟他們和睦相處，並從中學習。

所以，最後我還是寫了推薦文。

23 Primary and Recency Effect

首因效應和時近效應

為什麼第一印象會騙人

讓我介紹亞蘭和班這兩個人給你認識，你得要不假思索地決定對誰比較有好感。亞蘭很聰明、勤奮、衝動、具批判性、頑固、好嫉妒。班則相反，他好嫉妒、頑固、具批判性、衝動、勤奮、聰明。你願意與誰一同被困在電梯裡？

雖然關於兩人的描述完全相同，但我想你應該和大多數人一樣，會選擇亞蘭。你的大腦評價第一個形容詞，會比評價後續的詞彙來得強，所以你會認爲他們兩人的個性截然不同：亞蘭聰明又勤奮，班卻是好嫉妒且固執。第一個性格描述會蓋過所有後續的描述，這就是所謂的**首因效應**（Primary Effect）或**第一印象效應**（First-Impression-Counts Effect）。

如果沒有首因效應，許多公司的總部也就不需要打造富麗堂皇且十足浪費的門面。你的律師究竟是穿著破舊運動鞋還是精細拋光的名家牛津鞋出庭，也就不重要了。

首因效應會造成錯誤行爲。諾貝爾經濟學獎得主康納曼在其最新著作中，描述了一段他初任教授時改考卷的經驗。跟大多數教師一樣，他依照學生一、學生二的順序批改下去。但這會造成一種現象，能夠完美回答第一個問題的學生，就會博得教授的好感，進而影響教授對後續題目的評分。因此，康納曼改變了做法，先批改所有學生的第一題，再批改所有學生的第二題，依此類推。如此一來，他便不會受到首因效應的影響。

可惜的是，這個方法並非萬能。在招募新員工時，你的風險是錄取的那位可能是給你最佳第一印象的人。因此，理想的做法應該是依序見過每位應徵者，然後對他們提出相同的問題。

假設你是公司的監事，且對目前討論的議題尚未做出判斷，這時你聽到的第一個表達意見，對你即將做出的總體評價是至關重要的。這同樣適用於其他與會者，而這是你可以利用的優勢：如果你有自己的看法，請不要猶豫，務必要優先表達。這麼一來，你將使與會者留下深刻的印象，並贊同你的意見。倘若你是坐在前面的主席，那麼請以隨機方式來詢問意見，否則你會過度看重每一輪首先發言者的意見。

首因效應也並非總是有效果。有一種相反的**時近效應**（Recency Effect）指出，較晚得到的訊息比較容易讓人記住，因為我們短暫記憶的儲存空間非常狹小，每當接收到新的訊息，便會把舊的訊息抹除。

何時首因效應會占優勢，何時時近效應會占優勢呢？在必須立刻依據一連串的印象順序決定時，首因效應的作用會比較強，就像亞蘭和班的例子中，你被要求立即對這兩人做出整體評估。如果這個印象會停留一段時間，則時近效應的作用會比較大。回想一下你幾週前聽過的演講，現在應該只記得住結論吧，畢竟那是整個演講的高潮。

結論：**處於中間位置的印象，無法引人注意**，無論演講、推銷或是一本書的中段，都是如此。切勿以第一印象評斷事物，它一定會騙人。嘗試以無偏見的方式評價一個人的所有面向並不容易，但在某些情況下絕對有可能做到。例如我在面試時，每五分鐘會評分一次，最後再平均所有分數。如此可以保證「中間」的印象，也會如第一和最後的印象一般列入考量。

24 Bloodletting Effect

放血效應

為什麼我們對愚昧無感

有個人某天去就醫，醫生劃開他右前臂的動脈，讓血噴出半公升，他因而失去意識。隔天，他又去放了五次血，最後三次血液已經不像之前那般順利噴出，所以醫生將一個充滿熱氣的玻璃燒杯放在傷口上，待熱氣逐漸冷卻，會產生眞空狀態，而能從手臂中吸出血液。這名身上被劃了六道傷口的患者現在奄奄一息地躺在病床上。醫生最後把水蛭放在最敏感的傷口部位，這些水蛭慢慢吸血，幾乎吸滿時，醫生會把新的飢餓水蛭再放進去。三個月後病人就可以出院了，如果他沒死的話。

一直到十九世紀，這個療法都非常流行。放血的基本概念乃是根於身體的「四體液學說」（Four Humors）。根據這個理論，所有疾病都是四種體液（黃膽汁、黑膽汁、痰和血液）的不平衡所致。痤瘡、哮喘、霍亂、糖尿病、癲癇、黑死病、腦溢血、肺結核和其他數百種疾病，都是因爲身體有太多的血，所以需要放血。因此，單單在一八三〇年代，法國便進口超過四千萬隻水蛭。四體液學說主導了醫學界超過兩千多年，幾乎沒有任何科學理論可以維持這麼久的時間，即便放血根本就是一種騙術。大多數患者不放血反而會好得比較快，這是可以證明的，醫生也很清楚這點。

兩千年來，醫療機構一直緊抓著錯誤的理論不放，無視於所有存在的證據，爲什麼呢？這聽來令人難以置信，但四體液學說是所有處理複雜系統的理論的範例：人類、股市、戰爭、城市、生態系統、企業。**我們不會因為一個理論被證明是錯的而揚棄它，只會在有更好的選擇出現時才放棄它**。這一點都不理性，但絕對不是例外。我們稱這種現象爲放血效應。

我們的生命總是處於兩個工作、兩個住所或兩段關係中，但絕不會處於兩個觀點中。當一條路不可走時，我們會立即轉到下一條。我們就像無法建立穩定關係的男性一樣，每天都需要不同的女人。觀點不是「對」就是「錯」，故意的愚昧——（還）不想知道某事的理智——在我們的感覺世界裡無容身之處。我們不知道應該如何感受愚昧，這就是爲何**我們善於創造理論，而非承認自己的愚昧**。科學史學家湯瑪斯・孔恩（Thomas Kuhn）首先發現這種現象：理論絕不會被自己的錯誤所壓垮，只有在另一個顯然更好的理論出現時，它們才會瓦解。

這有什麼不好呢？因爲更好的理論通常尚未成形。幾十年來，美國聯準會前主席艾倫・葛林斯潘（Alan Greenspan）一直被尊稱爲半仙。二〇〇八年秋天，全球發生金融海嘯，葛林斯潘至少會自我批判。他在國會引述了一段話：「整個知識分子的殿堂倒塌了。」主席接著問：「所以，你已經意識到你的世界觀和思考模式是錯誤的了？」「正是。」葛林斯潘如此回答，他指的是以經濟控制貨幣供給的理論。然而，直到今日，西方各國政府仍緊抓著這個理論，還有債務、股票成交價、生活水準和通貨膨脹的所有後果，而這僅僅是因爲眼前沒有其他的選擇——典型的放血效應。

放血效應在私領域也發揮了作用。如果你還有理智，不願讓自己因爲流血過多致死，那麼就要定期檢查你的投資策略、人生哲學，還有你對他人的看法。如果事實與理論相違背，請立即丟棄你的理論。更重要的是，不要試著去等待一個「更好」的理論，這可能需要兩千年。

25 Not-Invented-Here Syndrome

非我發明症候群

為什麼自己做的料理總是比較好吃

我的烹飪技巧十分普通，我的妻子也知道，但我偶爾也可以做出一道還可以吃的菜。幾個星期前，我買了兩尾比目魚。因爲不想製作乏善可陳的知名沾醬，我發明了一種新醬汁，由白酒、開心果泥、蜂蜜、磨碎的柳橙皮和少許酒醋調配而成的大膽組合。老婆把煎好的比目魚放在盤緣，用刀子把沾醬抹在魚上，然後只略帶歉意地笑了笑。我覺得醬料嚐起來還不賴，便向她詳細解釋她錯失了什麼大膽的創新，但也無法改變她的表情。

兩個星期後，又有比目魚料理，這一次是我太太下廚。她準備兩種常用沾醬，一種是必備的奶油醬，另一種則是「法國頂級廚師的原創沾醬」。後者非常難吃。吃完後，她向我坦承，其實那不是法國頂級廚師的原創沾醬，而是我自己兩個星期前的創新產品。她想測試我，開這個玩笑只是爲了想證實**非我發明症候群**（簡稱ＮＩＨ症候群）：**人們覺得，除非這是「自己創造的」，否則一切都是不好的**。

ＮＩＨ症候群會讓人喜愛自己的想法，這不僅適用於魚的沾醬，也適用於所有類型的解決方案、經營理念和發明。公司往往認爲內部開發出的想法比外部提供的解決方案更好且更重要，即便後者客觀來看的確比較好。我最近和一位軟體公司老闆一起吃午飯，他的公司專精醫療保險軟體，他告訴我，不論在操作性、安全性和功能性上，即使他們的軟體客觀說來實屬同類中的佼佼者，還是很難符合潛在客戶的需求。大多數保險公司都認爲，那些最優秀的軟體，正好都是自己內部開發的軟體。

當人們聚在一起尋找解決方案，便會立刻自行評價這些方案，ＮＩＨ症候群於此表露無遺，自己的想法永遠是最優秀的。此時，最好的方式就是將一個團隊分成兩組，一組提供想法，另一組則負責評分，然後角色互換。

我們總覺得自己發明的經營理念會比他人的成功，由此可見ＮＩＨ症候群是創業蓬勃的主因。不幸的是，大多數初創企業都以慘澹盈利收場。

在《不理性的力量》（*The Upside of Irrationality*）一書中，心理學家艾瑞利描述他如何測量ＮＩＨ症候群。在《紐約時報》的部落格裡，他請讀者回答六個問題，例如：「城市如何不需經由法令限制而減少用水量？」讀者不僅要提出建議，還要依可行性評估自己和他人的答案。他們也必須說明在擬訂該解決方案時所花費的時間和經費。然後，讀者只能以五十個字說明自己的答案（可以確定的是，如此一來，或多或少都會有相同的答案）。儘管如此，自己的答案在重要性和可行性上，還是壓倒性地勝過其他人的回答（基本內容其實是相同的）。

從社會層面來看，NIH症候群會造成嚴重的影響。聰明的解決方案不被接受，只因來自不同的文化。瑞士的內阿彭策爾（Appenzell Innerrhoden）這個小邦從來不主動給婦女投票權（這是瑞士聯邦法院在一九九〇年決定的），這是NIH一個令人吃驚的情況。我們直至今日還在講哥倫布「發現美國」，儘管那裡早有人住了。

結論：我們都陶醉在自己的想法裡。要使我們再次清醒，有時需要從遠處回頭審視自己的想法。在過去十年裡，你有哪些想法是眞正優秀的？我說的沒錯吧。

26 Black Swan

黑天鵝效應

如何利用不可能的力量

「所有天鵝都是白色的。」幾個世紀以來，每個歐洲人對這個句子的正確性深信不疑。每看到一隻白天鵝，這個事實愈堅不可破。不同顏色的天鵝？無法想像。直到一六九七年，威廉・德・福拉曼（Willem de Vlamingh）在遠征澳洲時第一次看到黑天鵝，黑天鵝便成爲難以置信的象徵。

你長期投資股市，道瓊工業指數維持平盤，上下小幅度震盪，年復一年，你漸漸習慣這種舒適的小幅度波動。突然間，股市如一九八七年十月十九日那天般狂跌二二％，一切毫無徵兆，這就是納西姆・塔雷伯所說的「黑天鵝效應」。自從這位前證券交易員寫了一本同名的書（二〇〇八年）後，這個名詞在投資界變得十分風行。黑天鵝效應是指一件始料未及的意外事件，其會對生活造成重大影響（你的資金、健康、公司等）。黑天鵝效應有正面和負面兩種面向。你被隕石擊中、在加州沙特（Sutter）發現金礦、蘇聯解體、電晶體的發明、穆巴拉克（Hosni Mubarak）下台，或是完全顚覆你目前生活的事件，都是黑天鵝效應。

不論你對美國前國防部長唐納德・倫斯斐（Donald Rumsfeld）有何看法，他至少在二〇〇二年的一場記者會上，明確表達了一個從未聽聞的哲學思想：世上有些我們知道的事（「已知的事實」），還有些我們不知道的事（「已知的未知」），更有些我們不知道自己不知道的事（「未知的未知」）。

宇宙有多大？伊朗擁有原子彈嗎？網路讓我們變得更聰明還是更笨呢？這些是「已知的未知」，只要有足夠的努力，我們至少可以希望有朝一日能夠回答這些問題。「未知的未知」就完全不同了，十年前沒人會預見集體的臉書瘋狂，這就是「未知的未知」，也可稱爲黑天鵝效應。

黑天鵝效應爲什麼至關重要？因爲它愈來愈普遍，儘管這聽起來很矛盾。雖然我們可以繼續計畫未來，但黑天鵝效應時常從中阻撓，反饋回路（Feedback Loop）和非線性影響的相互作用會導致意想不到的結果，其原因是：我們的思考器官，大腦，是專爲狩獵和採集生活所設計。在石器時代，幾乎不會遇到眞正特殊的事。追捕的雌鹿不是速度比較快，就是速度比較慢；不是胖一點點，就是比平均值瘦。一切都在穩定的平均值上下徘徊。

如今情況完全改觀，生命一個轉彎，平均收入可能立刻激增一萬倍。不相信的話，請看看賴瑞・佩奇（Larry Page）、羅傑・費德勒（Roger Federer）、喬治・索羅斯（George

Soros）、羅琳（J. K. Rowling）或者波諾的例子。這類超級富豪前所未見，這種程度的偏差更是陌生。只有現代人類歷史才能使這一切成爲可能，這就是爲何我們的努力會產生上述的極端現象。

由於機率不會低於零，而我們思考世界的方式極易出錯，因此你應該**假設所有情況的機率至少略高於零**。

結論：留在可能會吸引你的正面黑天鵝效應區域（這種情況可說微乎其微），你就能夠成爲藝術家、發明家或擁有一種可複製性產品的企業家。相反地，如果你出售的是時間（例如雇員、牙醫或記者），那麼不會出現黑天鵝效應。但是，即便是在你覺得不得不這麼做的時刻，也絕對要遠離負面黑天鵝效應產生的環境。具體而言，就是盡可能地保守儲蓄，成功時不要安逸於奢華的生活，就不會有負債問題。

27 Domain Dependence
領域依賴性

為什麼你的知識無法複製

寫關於思考錯誤的書爲我帶來許多好處，商界領袖和投資者以高價邀請我，希望我能讓他們了解何謂清晰思考的藝術。順帶一提，這件事本身就是個思考錯誤，因爲買書比請我演講便宜太多了。且讓我說一個在醫學會議上親身經歷過的事，我以一個醫學例子說明忽視基本比率（Base Rate Neglect）的問題。四十歲的人胸部刺痛，可能代表心臟問題或壓力，但因爲壓力更爲常見（有著較高的基本比率），因此醫生建議患者先接受壓力檢查。與會的每位醫生在直覺上都會如此判斷，這十分合理。然而，當我用類似的商業例子解釋時，大多數醫生都被我愚弄了。

相同情形也出現在我對投資者演說時。我用金融例子說明思考錯誤時，他們一點即通，但當我改舉生物學例子時，很多人的思維便打結了。結論：**理解力很難從一個領域跨越到另一個領域**，這種效應被稱爲**領域依賴性**。哲學家塔雷伯如此描述領域依賴性：「西洋棋選手善於解決西洋棋的問題。但是僅止於此。我們以爲自己可以從一個領域跨越到另一個，但是我們不行。」

哈洛・馬可維茲（Harry Markowitz）因投資組合選擇理論（Portfolio Selection）獲得了一九九〇年的諾貝爾經濟學獎，該理論說明在考量風險與報酬下的投資最佳組合。如果談到馬可維茲自己的投資組合，即他如何分配積蓄投資股票和債券時，他簡單地決定個別投資百分之五十，也就是一半投資股票，另一半投資債券。這位諾貝爾經濟學獎得主無法將他的完美理論運用在自己身上，這正是領域依賴性的典型情況，他無法將學術知識移轉到私人領域。

我有個朋友從事休閒活動時從不畏危險，他徒手攀崖，或是穿著飛行裝跳躍於山峰之間。上個星期他告訴我創業的風險，強調永遠都有破產的可能。我回答說：「就我個人而言，我寧願破產，也不願失去生命。」他不明白我的邏輯。

身為作家，我發現要將寫作能力移轉到一個新的領域十分困難。虛構情節和人物對我來說得心應手，空白的一頁紙難不倒我，但是面對一間空蕩蕩的公寓，就不是這麼一回事了。談到該如何布置，我只能雙手插口袋，站在空房子裡好幾個小時仍一籌莫展。

經濟是領域依賴性最典型的領域。有家軟體公司挖走一名成功的消費性產品銷售員，結果他在這份新工作裡成績不再亮眼，因為他的銷售技巧無法移轉到服務領域。一位活躍於小團體的優秀主持人，在面對百人的場面時卻失常了。一位富有創意的行銷負責人，一旦晉升爲執行長，便容易喪失所有具策略性的創造力。

在馬可維茲的例子中，我們看到專業知識移轉到私領域的難度。我認識一些在公司具有獨特魅力的執行長，在家庭中卻是個失敗者。幾乎沒有哪個職業類別的吸菸者比例高於健康先知：醫生。全職執法人員的家庭暴力施暴者人數是非警務人員的兩倍。文學批評家寫的小說肯定是最乏味的。眾所皆知的就屬婚姻治療師了，他們的婚姻比他們的顧客還要岌岌可危。

結論：一個能在某領域有卓越表現的人，很難將其成就複製到其他領域。同樣的道理也適用於學校的知識，想想昔日班上的第一名，猜猜看，你現在比他更成功嗎？

28 False-Consensus Effect

假共識效應

為什麼你認為他人想法與你一致

你喜歡哪個年代的音樂呢？六〇年代還是八〇年代？你覺得一般人會怎麼回答這個問題？大多數人傾向以自己的標準評斷他人，如果一個人喜歡六〇年代的音樂，他會自然而然地假設同時代的多數人和他有同樣的喜好。喜歡八〇年代音樂的人，也同樣會如此認爲。我們往往高估自己與他人之間的一致性，相信其他人的想法和感覺與我們相同。這個思考錯誤被稱爲**假共識效應**。

史丹佛大學心理學家李・羅斯（Lee Ross）早在一九七七年即發現這個現象。他做了一個招牌，上面印著「來喬的餐廳用餐」這樣的廣告標語，隨機挑選學生，要求他們掛著這個招牌在校園散步三十分鐘，同時必須估計有多少同學願意接受這份簡單的工作。每個願意穿掛招牌的學生，都認爲大多數學生（六二％）願意接受這份工作。相反地，每個謝絕的學生則相信多數學生（六七％）認爲成爲移動式廣告看板是件愚蠢的事。這兩種情況的學生們均臆測多數人的共識。

假共識效應同樣出現在利益團體和各政黨中，他們經常高估自己關注問題的緊迫性。

例如在評估全球暖化程度的問題上，這個效應便顯而易見。無論你對這個問題的態度爲何，你可能相信大多數人皆同意你的看法。因此，政客們有相信自己會當選的自信，這不僅來自他們的樂觀，事實上，他們會系統性且無意識地高估自己成功的機會。身爲一位選民的你，則會高估自己支持政黨的得票百分比。

藝術家的情況更爲窘迫。在九九%的情況裡，他們所期待的成功往往比實際所獲得的還要低。例如，我曾堅信我的新作《馬西莫．馬里尼》（*Massimo Marini*）會是部巨作，無論成績再怎麼差，至少都不會低於先前的暢銷著作。只是，讀者顯然有不同的意見，我因爲假共識效應而錯估了情勢。

當然，經濟領域也不能倖免於這種謬論。產品開發部門對自己的產品充滿信心，並不意味著消費者會有相同的想法，這在以技術人員爲首的公司裡尤其明顯。發明家愛上自己複雜的精心之作，並誤以爲消費者會對此感興趣。

假共識效應之所以有趣，還有另一個原因。我們喜歡給持有不同意見的人貼上「不正常」的標籤，羅斯的實驗也證明了這個現象：同意穿上招牌的學生認爲拒絕的學生「缺乏幽默感」；相反地，後者則稱前者是「白癡」和「總是喜歡成爲焦點人物」。

或許你還記得《思考的藝術》中的〈社會認同〉一章，這與假共識效應是兩個相同的概念嗎？不。社會認同來自無意識的同儕壓力，而假共識效應與壓力無關，但它有一個社會功能，這正是它沒有在演化裡被淘汰的原因。大腦的存在並不是爲了辨別事情的眞相，而是爲了盡可能留下許多子孫。那些因爲假共識效應而變得勇敢且具說服力的人，會獲得過多的資源，從而增加其基因遺傳給後代的機率。多疑者的吸引力較低。

結論：假設你的觀點不爲大眾所接受，請再假設那些想法不同的人都不是傻瓜。**不要懷疑他人，你要先質疑自己。**

29 Historical Revisionism

歷史修正

為什麼你總是對的

三十九歲的溫斯頓・史密斯體弱多病，是「眞理部」裡投機取巧的職員，他的工作是改寫報紙上的舊文章與文件，以符合當前的認知。這個工作十分重要，歷史修正會創造絕不犯錯的假象，並因此幫助政府鞏固絕對的權力。在喬治・歐威爾（George Orwell）的經典之作《一九八四》（*Nineteen Eighty-Four*）中，處處可見虛假的歷史陳述。這聽起來也許可怕，但你的大腦中也躲了一個小溫斯頓。更糟糕的是，溫斯頓在歐威爾的小說中被迫工作，最後終於起身反抗既定秩序。但是他在你的大腦中卻以最高的效率工作，完全契合你的願望和目標。他輕而易舉地，甚至以一種優雅的方式修改你的記憶，完全不著痕跡。小溫斯頓安靜但有效率地清除你過時的錯誤觀點，而且你深信不疑：你相信自己永遠是對的。

一九七三年，美國政治學家格雷戈里・馬庫斯（Gregory Markus）請三千人針對爭議性政治議題（例如毒品合法化）勾選自己的立場，從「我完全同意」到「我完全不同意」。十年後，他再次詢問相同的人同樣的問題，受測者必須同時表達自己十年前對於這些問題的看法，結果是：「十年前的意見」那一欄的答案幾乎與現在的看法如出一轍，但與一九七三年當時所選擇的實際意見卻相距甚遠。

人們不自覺地調整陳舊的意見以配合當前的看法，藉此躲避面對自己錯誤的尷尬時刻。這是一種令人愉悅的策略，因爲不管我們多麼堅強，勇於承認錯誤是感情上最困難的任務之一。這眞是令人驚訝。其實，**每當我們意識到自己錯了，都應該歡呼出聲**。我們終於在這一刻擺脫了錯誤的觀點，並往前踏進一步，但我們不會這麼想。

然而，有些記憶會深深印入大腦，不是嗎？你肯定還記得，二〇〇一年九月十一日，得知紐約的恐怖攻擊事件時，你人坐在哪裡或站在哪裡，不是嗎？你一定記得那幾分鐘裡自己正在和誰說話，以及當時心裡的感受。你對九一一事件的記憶會非常生動且詳盡，這就是閃光燈記憶（Flashbulb Memory）。誠如心理學家所言，它精準得有如一張照片。

大錯特錯。閃光燈記憶和「一般」記憶相同，也會犯錯。它是重建的結果。亞特蘭大埃默里大學（Emory University）的烏爾里希・奈瑟（Ulrich Neisser）對閃光燈記憶進行測試，他請學生把一九八六年挑戰者號（*Challenger*）太空梭爆炸那天的印象，詳細寫成一篇文章。三年後，他再次請這些學生重複相同的動作，而兩篇內容均一致的低於七％，足足有一半的文章有三分之二內容錯誤，二五％文章的內容完全錯誤。奈瑟把一名女學生寫的

第一篇文章拿給這位學生看，讓她知道內容和她的記憶完全相左，她則回答：「我知道這是我的筆跡，但我不可能寫出這些內容。」至於為什麼閃光燈記憶這般栩栩如生，仍是個謎。

結論：你永遠記得第一次見到你終身伴侶的那一刻，那有如照片般深印在腦海中，但你必須假設其中一半的細節可能是錯誤的。**我們的記憶有缺陷**，即便是看似準確的閃光燈記憶也一樣。至於後果，可以是無害或致命的。想想目擊者證詞或以嫌疑犯畫像來指認罪犯，即便目擊者堅決且強硬地表示自己認出了罪犯，但未經過額外的調查便相信這些指認，就是怠忽職守。

30 In-Group/Out-Group Bias

圈內圈外偏見

為什麼要認同足球隊

小時候，冬天的星期天，我們全家總是坐在電視機前觀看滑雪比賽。我的父母希望瑞士選手能夠獲勝，他們希望我也這麼想。我不懂他們爲何如此激動。首先，爲什麼要穿著兩片木板爬山呢？爲什麼不是手上耍著三顆撞球，蹺起一條腿一路跳上山，然後每隔一百公尺高時，用力拋出一顆標準尺寸的松果？其次，百分之一秒的差距根本不是差距，常識告訴我們這叫不分軒輊，代表實力相當。第三，爲什麼我要支持瑞士選手？這些傢伙與我非親非故，我根本不認識他們。我不知道他們喜好的書籍類型或想法，而且如果我住在距離瑞士邊境數公尺外的地方，我可能（必須）認同另外一支隊伍。因此，這裡的問題是：認同一個運動隊伍、種族、公司、政府，是種思考錯誤嗎？

與每一種行爲模式相同，團體認同也是經過數百年的進化而形成。在過去，團體歸屬感是生存的必要條件，被團體排擠意味著死亡。自食其力幾乎不可能找到足夠的食物或抵抗外來的攻擊，而且個人通常不敵團體。

當人類開始融入團體時，即代表著被迫做同樣的事。違反者不僅在團體中無立足之地，也將被人類基因庫所淘汰。難怪我們會是群居動物，我們的祖先亦同。心理學因而研究出不同的群體效應，並歸納出圈內圈外偏見。

首先，團體可以在微小、往往微不足道的標準基礎上形成。在運動上可能是隨機的出生地，在經濟生活上則是隨機的受雇關係。英國心理學家亨利．泰弗爾（Henri Tajfel）將一群互不相識的陌生人，以擲硬幣方式隨機分配爲不同團體。他對一組成員說，他們因爲都喜好某種陌生的畫風而被分爲同一組。結果令人印象深刻，雖然他們互不相識、是隨機組成，而且一點都不懂藝術，但比起另一組成員，他們對自己所屬小組的成員明顯有更多的好感。

其次，人們會高估圈外團體成員的實際同質性，這個所謂的圈外同質偏見（Out-Group Homogeneity Bias），正是刻版印象和偏見的成因。你是否曾注意到科幻電影中只有人類有不同的文化，而外星人都像同個模子印出來的呢？

第三，由於團體往往是在共同的價值基礎上形成，團體成員的個別意見會受到不成比例的高度支持。這樣的失眞是危險的，特別是對企業來說，這正是造成日常工作盲點（Rountine-Blindedness）的主因。

家庭成員相互幫助，這是可以理解的，因爲你和兄弟或姊妹有一半相同的基因，從血緣上來說，你當然會關心他們。因此，我們在這裡遇到最愚蠢的思考錯誤是：爲隨機組合的團體犧牲自己的生命，這種情形也被稱爲「上戰場」。「祖國」一詞讓人聯想到親戚，這並不是巧合。同樣地，每個戰爭訓練的目標，就是要讓士兵變成「兄弟」，這也不是巧合。

結論：**對陌生人存有偏見與反感，是生物學上的事實**。認同一個團體會讓你對事實的認知產生扭曲。如果你被送到前線，那麼儘管變節吧！那些爲他人而戰的人並非勇敢，而是愚蠢至極。

31 Ambiguity Intolerance

對模糊的無法容忍度

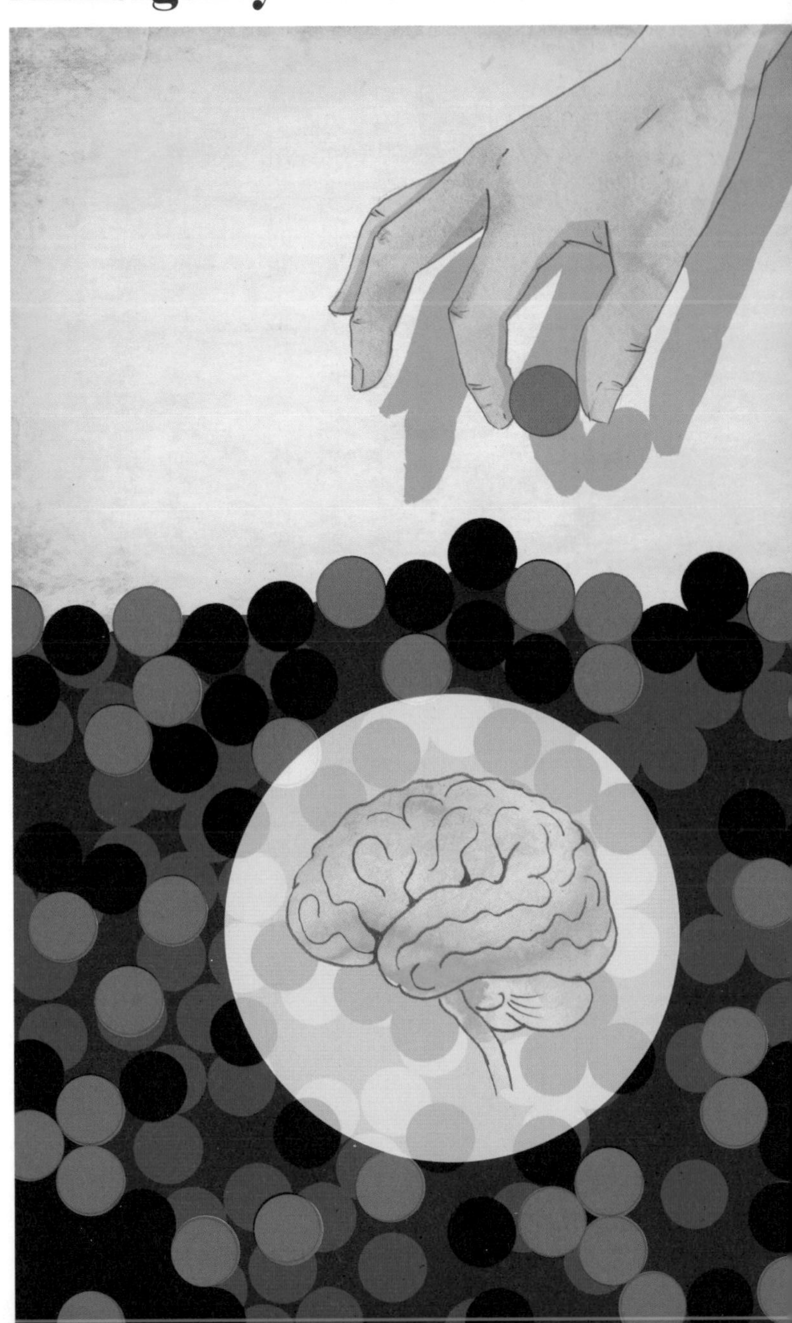

為什麼我們不喜歡面對未知

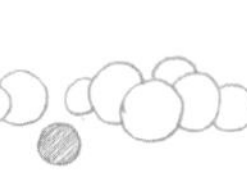

請你拿兩個箱子，箱子A放入五十顆紅球和五十顆黑球，箱子B放入一百顆紅、黑混合的球，但你不知道個別的數量。現在，請你隨機從箱子裡挑出一顆球。如果拿到紅球，就可以得到一百歐元。你會選擇哪個箱子呢？A還是B？如果你的習慣和大多數人一樣，就會選擇A。

我們用相同的箱子再玩一次，這次如果拿到黑球就可以得到一百歐元。你會選擇哪個箱子呢？可能還是箱子A。但這卻不合邏輯！因爲經過第一輪的遊戲，你應該假設箱子B裡的紅球少於五十顆（即有超過五十顆的黑球）。所以第二次你應該選擇箱子B。

別害怕，這次你並沒陷入思考錯誤，恰恰相反，這是**艾斯伯格矛盾**（Ellsberg Paradox）或「對模糊的無法容忍度」，以前哈佛大學心理學家丹尼爾・艾斯伯格（Daniel Ellsberg）的名字命名（順帶一提，因爲他洩漏了五角大廈的文件給新聞媒體，導致當時的美國總統尼克森下台）。艾斯伯格的矛盾或對模糊的無法容忍度是實證的結果，指**我們會傾向選擇已知，而非未知的機率**。

這裡要談到的是風險和不確定性（或模糊）之間的差異。風險指的是已知的概率，你可以以它爲基礎來評估風險。在不確定性的情況下，則沒辦法這麼做。這兩個概念就像卡布奇諾和拿鐵瑪奇朵一樣容易混淆，只是後果比較嚴重。風險可以預估，而不確定性則不行。風險科學（統計）已有三百年的歷史，有許多教授專門研究這個問題，卻沒有一本教科書討論不確定性。這就是爲什麼我們試圖將模糊性歸入風險的類別，儘管兩者實際上相去甚遠。以下舉一個來自醫學（模糊性行得通），一個來自經濟（模糊性不可行）的例子加以說明。

世上有數十億人，我們的身體沒有顯著不同：身高相近（沒有人是一百公尺高）、存活年齡相仿（沒有人活到一萬歲或僅僅一毫秒）、大多有兩隻眼睛和四個心臟瓣膜等，另一個物種把我們視爲同一類，就如同我們將老鼠歸爲一類。這就是有許多類似病例的原因。在此前提下，「你因癌症死亡的機率爲三〇%」的說法是成立的，「歐元有三〇%的機率會在未來五年內崩盤」的說法則不成立。爲什麼呢？經濟是一個不確定的領域，世上沒有數十億種類似的貨幣可以讓我們從其發展歷史中得出機率。這也是壽險和信用違約交換（Credit Default Swap）這種債務違約保險之間的區別。在第一種情況，我們處在可預見的風險領域，第二種則是不確定性的領域。這種混淆引發了二〇〇八年的金融危機。當你聽到「惡性通貨膨脹的風險是X％」或「我們的股票風險是Y％」時，保證你的胃會糾結在一起。

如果不希望太過倉促和判斷錯誤，必須要能容忍模糊性。至於這個策略是否能夠成功，杏仁核在此扮演著重要的角色，你的影響力則有限。杏仁核是大腦中央一個堅果般大小的區域，依據它的結構不同，人們對不確定性的忍受程度也會所有差異。這在政治立場上尤其顯而易見：對於不確定性忍受度愈低者，愈傾向選擇保守黨。

無論如何，**了解風險和模糊性之間的差異，才能清楚思考**。只有在極少數的領域才能依賴明確的機率。一般來說，我們有的只是煩人的模糊性，要學習忍受。

32 Default Effect

預設值效應

為什麼我們習慣安於現狀

我既迷惑又絕望地看著酒單。「依戶雷基」（Irouléguy）？「哈斯萊威路」（Hárslevelü）？「蘇蘇馬尼洛」（Susumaniello）？我是個對酒完全陌生的外行人，但很明顯地，這裡有位侍酒師試圖展現自己的國際化。當我翻到最後一頁時，心裡總算得到解脫：「招牌酒：勃艮第（Bourgogne），五十二歐元。」我馬上爲自己點了一瓶，因爲這麼做絕對不會出錯。

一年前我買了一支iPhone，終於有機會使用幻想的每個設定：從來電鈴聲、背景圖像、瀏覽器縮放功能，一直到相機的快門音量。迄今這些功能我究竟使用了多少呢？你猜對了：沒有。我不是一個科技白癡，而是所謂**預設值效應**眾多受害者的其中一人。標準設定（或預設值）有如舒適的軟墊般誘人，讓我們深陷其中，無法自拔。如同我在招牌酒和設定iPhone的情況，大多數人都還是傾向選擇標準值。新的汽車常常以標準色做爲行銷首選，每個目錄、每部廣告、每份文宣都是深灰色。選擇這個標準色的購車者遠遠高於平均值。

經濟學家理察・塞勒（Richard Thaler）和法學教授凱斯・桑斯坦（Cass Sunstein）在其著作《推力：決定你的健康、財富與快樂》（*Nudge*）中指出，政府如何在不限制自由且不違憲的情況下引導其國民，那就是在提供多種選擇方案外，設定一個標準選項，以供猶豫不決的公民參考。新澤西州和賓州提供其州民兩種汽車保險。其中一個保險比較便宜，因爲它刪除事故時的部分損害賠償權。新澤西州將這個保險預設爲標準保險，大多數州民也如此選擇。相反地，賓州則建議另一種較貴的保險，並迅速受到州民的青睞。這個結果實在令人驚訝，因爲這兩州駕駛者的差異性並沒有這麼高。

科學家艾瑞克・強森（Eric Johnson）和丹・戈德史坦（Dan Goldstein）問受訪者在死亡時要不要放棄器官捐贈（預設選項爲器官捐贈），而不是問他們願不願意捐贈器官（預設選項爲不捐贈）。簡單改變預設選項，受訪者的器官捐獻者比例從四〇%上升到超過八〇%。

即使沒有預設値，預設値效應依然起作用：我們會直接將過去的經驗當作個人的預設値，並把現狀視爲神聖不可侵犯。**人們喜歡熟悉的事物，比起選擇、嘗試新的東西，他們更喜歡維持現狀**。事實上，即使改變是有益的，我們仍極度保守。例如銀行每年向我收取六十瑞士法郎做爲寄送帳戶明細的郵資，但只要申請電子帳單就能省下這筆錢。即使付費

（尤其是浪費紙張）服務困擾我多年，迄今我仍無法下定決心中止這項服務。

這種安於現狀偏誤（Status Quo Bias）是如何產生的呢？除了純粹的方便性外，「損失規避」（Loss Aversion）起了重要的作用（也許你還記得我們在《思考的藝術》中曾經提過）：損失產生的不悅感，是相同受益所帶來的快樂的兩倍。這就是爲何重新談判現有的私人或國際合約是如此困難。每個讓步都是一種損失。相反地，對方的讓步都是我的獲利。因爲損失的感受是兩倍之多，所有的重新談判感覺就像是淨損失。

預設値效應或做爲其特例的安於現狀偏誤都適用這句話：**我們強烈安於現狀，即便這讓我們處於不利的位置**。「嗯，這酒再醒一下，風味肯定會更好。」坐在我對面的同伴淺酌「招牌酒」後這麼說。哇，眞令人驚訝，我從來都不知道他懂得品酒。

33 Fear of Regret
對懊悔的恐懼

為什麼「最後的機會」會讓人失去理智

先看兩個故事。保羅手上握有A公司的股票，他考慮今年出售後，將錢拿來購買B公司的股票。但他終究沒有這麼做。事後證明，他本來可以多賺一千兩百美元。第二個故事：傑歐格出售手上握有的B公司股票後，買進A公司的股票。現在證明，如果他保留了B公司的股票，就可以多賺一千兩百美元。誰會比較懊悔呢？

懊悔是一種做出錯誤決定的感覺。人們都希望自己能得到第二次機會。那麼，是誰比較懊悔呢？保羅還是傑歐格？調查提供了一個明確的結果：八％的受訪者認為是保羅，九二％的受訪者選擇傑歐格。為什麼會出現這個差異？客觀來看，這兩種情況都是相同的：保羅和傑歐格不幸地選錯股票。唯一的區別是，保羅本來就有A公司股票，而傑歐格是後來才買。保羅是被動的，傑歐格是主動的。保羅的行為代表一般情形，即大多數人習慣把錢放著不動，傑歐格的行為則是個特例。顯然，行為不同於多數人而獨樹一格的人，會感到更懊悔。

有時，不作為也是一種特例。例如，僅有一家歷史悠久的出版商拒絕出版電子書，該負責人堅持，書必須由紙做成，他也秉承這個傳統，沒什麼好說的。現在，十家破產的出版商中，有九家因電子書策略而失敗，最後一家就是這家傳統的出版商。誰會對過去的決定感到最懊悔？誰又會獲得最多同情呢？沒錯，就是那位意志堅決的電子書反對者。

我們再舉一個例子。康納曼在《快思慢想》（*Thinking, Fast and Slow*）書中寫道：每一次飛機失事後，我們就會聽到其中一名不幸罹難者的故事，他原本預計搭乘早一班或晚一班的航班，但基於某些因素，在最後一分鐘搭上這架爆炸的飛機。在這個例子中，他是個例外情形，比起其他一開始就預定搭乘這個班機的旅客的「一般情形」，我們對他的同情要來得更深。

這種**對懊悔的恐懼**驅使我們做出不理性的行爲。爲了不要感受到可怕的懊悔之情，我們往往行事保守，也就是把頭低低地躲在人群中，卻仍沒有人能夠倖免，甚至專業的股票投資者也深陷其中。統計數據顯示，交易商傾向在商人估算年度業績並計算紅利的最後期限，也就是十二月三十一日之前加入投資大眾的行列，出售異常的項目。**對懊悔的恐懼阻止你扔掉不再需要的東西**，你害怕面對在某個不可能的情況下，因爲需要那雙被丟棄的舊網球鞋所帶來的懊悔感。

眞正愚蠢的是，連結對懊悔的恐懼與「最後機會」。一張非洲狩獵之旅廣告單上寫著：「最後一次親眼目睹瀕臨絕種犀牛的機會。」既然我們至今從未把親眼看犀牛視爲重要的事，現在卻要這麼做，便是不理性。

假設你長久夢想著擁有一間獨棟房子，眼前正好有一個面積有限、面湖建地更是屈指可數的銷售案，標的只剩下三個、兩個、一個。「最後一個機會！」這句話直直穿透大腦，然後你用驚人的價格買了最後這塊建地。對懊悔的恐懼讓你忘記市場上的面湖新建案多如牛毛，美麗的房產買賣不會恰巧從今天起全面停售。「最後的機會」讓我們恐慌，而對懊悔的恐懼會徹底改變整個生命——有時是以最悲慘的方式。我認識一些女性，她們在四十歲初頭與男人在一次短暫的邂逅後便多了一個孩子，爾後還必須以惡劣的生活條件做爲代價。

34 Salience Effect

顯著性效果

為什麼引人注目的不一定是重要的

假設大麻這個議題占據媒體版面已經數個月：電視拍攝癮君子、非法菸農及經銷商；小報刊登一名十二歲女孩吸食大麻菸的照片；嚴謹的刊物則從社會以及哲學觀點討論此類毒品的醫學史，大麻成為眾人矚目的焦點。我們同時也假設，吸食大麻完全不會影響駕駛人的駕駛行為。正如所有人都可能肇事，吸食大麻的駕駛人偶爾也會發生事故，一切純屬巧合。

庫爾特是個地方記者，有天晚上碰巧經過一個事故現場，看見一輛車卡在樹幹上。庫爾特向來與當地警方保持良好的關係，他得知失事車子後座上發現大麻後，趕回編輯部，下了這樣的標題：「大麻又殺死駕駛人！」

因為前述狀況推測出這樣聳動的標題當然明顯缺乏論證，庫爾特是**顯著性效果**的受害者。顯著性是指一個吸睛的特色、一個突出的特徵、一個顯著的特性，也就是一個會「引人注目」的特點。顯著性效果會使一個顯著的特點受到過度的關注。誠如所說，我們假設大麻與汽車事故的統計相關性為零。但是，因為大麻是這起事故中的顯著特徵，使得庫爾特相信大麻是致命意外的肇因。

幾年後，庫爾特晉升爲商業記者。此時，正好有一名女性被拔擢爲全球最大企業的執行長。這就是新聞！庫爾特打開他的筆記型電腦，寫下一個尖銳的評論：這位女士之所以被提拔，正因爲她是女性。事實上，這件事可能與性別平等毫無關係，尤其大多數高階經理人職位都由男性擔任。倘若聘任女性執行長能左右公司的發展，相信其他公司早就注意到了。但是，在這則新聞故事中，性別就是最突出的特點，而這點具有特殊的解釋力。

不只記者是顯著性效果的犧牲者，其實每個人都深受其害。有家銀行被搶劫了，兩名罪犯雙雙被捕。事後證實，這兩個壞人原來是奈及利亞人。雖然沒有哪個族群搶劫銀行的比例較高，但顯著性會扭曲我們的思考。我們心想，又是外國人。一個波士尼亞人犯了強姦罪，人們會認爲那是因爲他是「波士尼亞人」，而不是其他瑞士人或德國人共有的因素。偏見因此成形。我們不會記得絕大多數安居樂業的移民者，但我們永遠不會忘記負面的例外情形，只因爲它們特別突出。因此，每當談到移民時，我們的腦海就會浮現這些引人注目的事件。

顯著性效果不僅左右我們解釋過去，也影響未來展望。諾貝爾經濟學獎得主康納曼和他的研究同事阿莫斯・塔伏斯基（Amos Tversky）發現，我們在預測時，過分重視顯著的訊息。這解釋了爲何投資者對重大消息（例如執行長被解雇）的敏感度，高於較不顯著的訊息（例如公司的長期盈利表現）。即便是專業分析師，也無法擺脫顯著性效果的束縛。

結論：顯著的訊息過度影響你的思維和行爲。相反地，你卻太輕忽那些隱藏性的、緩慢發展的微小因素。**不要被奇特性給蒙蔽**。一本有著獨特鮮紅色封面的書榮登暢銷書排行榜，你的第一反應是：這本書的成功因素就是聳動的封面。不要這樣想。聚精會神，挑戰看似合理的解釋。

35 The Other Side of Knowledge

知識的另一面

為什麼坐而言不如起而行

你想讓一名讀了數千本醫學書籍，但無實務經驗的醫生開刀？還是寧願找另一個只讀過一本書，但動過數千次同類型手術的醫生呢？

你的房間裡有多少東西是依據書籍知識研發出來，又有多少是透過試驗和錯誤產生的呢？

一家製藥公司的執行長在晚餐時告訴我：「我無法說明原因，但是當我巡視工廠時，馬上就可以看出哪些部門運作順利，哪些沒有。雇用人時，只要幾秒鐘我就知道應徵者是否適合。當我與供應商談判時，直覺就能知道誰在欺騙我。當我收購一間公司時，投資銀行的上千頁報告，比不上到公司快速逛一圈。」

「你從哪裡學到的？哈佛嗎？」

他搖搖頭。「有許多優秀的領導者可以學習。當然，我在整個職業生涯中也犯了許多錯誤，但我從中學習經驗。」

知識有兩種：一種可以用語言表達，另一種則不行。**我們往往高估語言可以表達的知**

識。

萊特兄弟經過四年的時間，在一九〇三年十二月十七日創造世界第一架動力飛機。他們沒有讀過任何一篇科學報告，卻不僅僅實現了自己的夢想，也實現了人類的夢想。當時並沒有相關的研究，一直到三十年後才發展出飛機建造理論。

一九五〇年代，馬爾科姆・馬克林（Malcom McLean）興起研發貨櫃的想法。工人不必將一個個箱子從船上搬到卡車上，只要把整個貨櫃一次運到卡車上。感謝馬克林，他使今日的我們不需考量運輸成本，就能購買來自世界各地的產品。然而馬克林創辦自己的公司前，從未讀過貨櫃相關書籍。

是誰發明自動織布機、蒸汽機、汽車、燈泡？既不是理論家，也不是官方的研究實驗室，這些全都是發明家的傑作。我們高估知識分子、學者、理論家、作家、作者和專欄作家，低估實踐者和創造者。理念、產品及技術大多是在試驗與錯誤中成形，而很少是透過閱讀和思考。我們不是讀了游泳的書才學會游泳，經濟也不是經濟學家建立的，我們不是因爲政治學教授才得以維繫民主制度。我十分贊同泰倫斯・基萊（Terence Kealey）的觀點：不是大學繁榮了社會，而是繁榮的社會造就了大學，因爲它可以提供這個環境。從這個角度來看，大學就像是歌劇院。

但是，言語表達的知識究竟暗藏著哪些危機呢？首先，它語義明確。文章所表達的清晰度，世上無出其右。結果：當我們以書寫的知識爲基礎做出決定時，往往承擔過高的風險。我們在虛假的安全中浮沉。根據學術模式的投資決策便是典型的例子，而這正是金融危機的肇因之一。

第二：寫書人（包括本人）的行爲模式，不同於未寫過任何書的人。因此，我們不能將文本視爲世界的縮影。一般人所創造的故事，在本質上與作家有所不同嗎？極有可能。但我們永遠不會知道，因爲他們不會寫下來。

第三，文字會掩飾能力：懂得自我表達的人可以獲得超乎其能力的地位，在電子郵件和演講中語義不清的人則無法受到拔擢，雖然他可能是有才華的人。

結論：**實踐創造重要的知識**。收起你對文字的敬畏之心，現在就放下書本，去做一些聰明的事吧！

36 House Money Effect

私房錢效應

為什麼金錢不只是金錢

一九八〇年代初的一個多風秋日，被雨水濡濕的樹葉在人行道上隨風翻轉，念高中的我牽著自行車去上課。上山途中，瞥見腳下有張奇怪的紙張，大大的，赤褐色的。當我彎下腰時，赫然發現是張五百瑞士法郎紙鈔（當時還有發行）。對學生來說，當時的五百瑞士法郎簡直是天上掉下來的禮物。

即便舊自行車的一切功能良好，我仍趁著錢在口袋裡都還沒放熱時，跑去買了一輛採用盤式制動器和禧瑪諾（Shimano）變速系統的高級自行車。這是市面上最高級的車型之一。

當然，那時我自己也存了好幾百瑞士法郎，但我絕不會把這筆儲蓄花在一輛不必要的自行車上。我頂多偶爾從中拿一些錢看場電影。日後我才意識到自己的行爲有多麼不理性。錢就是錢，這點無庸置疑。但我們往往不這麼想，反而依據錢的來源而有不同的處置。錢不單只是錢，它披著一件情感的外衣。

問你兩個問題。首先，你努力工作，年底時帳戶多出兩萬歐元，你會如何處置呢？

（A）安心地存在銀行裡。（B）投資。（C）進行必要的採購，例如整修發霉的廚房。（D）搭乘豪華遊輪。如果你和大多數人一樣，就會選擇A、B或C。

第二個問題：你是兩萬歐元的樂透得主，你會拿這些錢做什麼呢？再看一次剛才的答案。A、B、C或者是D？現在，大多數人會選擇C或D。當然，他們又犯了思考錯誤。兩萬歐元就是兩萬歐元。

類似的思考錯誤也出現在賭場中。我有個朋友下注輪盤一千歐元，結果輸光了。被問及此事時，他回答：「我其實沒有輸掉一千歐元。這一千歐元是我之前贏來的。」「但都是一千元呀！」「對我來說並不是。」他笑著說。

相較於賺來的錢，我們會更輕率地使用贏來、撿到、繼承來的錢。經濟學家泰勒將此稱爲**私房錢效應**，指**人們比較敢於將投機贏來的獲利花在高風險的地方**。這就是爲何樂透得主多年後往往比中頭獎前更貧窮的原因。當然，諺語也不能免俗地提到私房錢效應：「怎麼來的，就怎麼去。」堪稱這個現象最眞實的寫照。

泰勒將他的學生分成兩組。他對第一組說，他們贏了三十美元，因此可以參與擲硬幣遊戲：出現數字，他們就贏得九美元，如果是人頭，就輸九美元。七〇%的學生選擇參加這項遊戲。他對第二組學生說，他們一無所獲，但可以選擇確定獲利三十美元，或是參加擲硬幣，擲中人頭就贏二十一美元，擲中數字則有三十九美元。第二組較保守，只有四三%的人選擇冒險，儘管所有情況的期望値都一樣，也就是三十美元。

市場行銷策略家十分清楚私房錢效應的價値：當你成爲會員，線上賭博網站就「贈送」一百美元籌碼；如果塡寫申請表，美國信用卡公司就「贈送」一百美元紅利；如果加入空中飛人俱樂部，航空公司就「贈送」數千英里里程；電信公司在申請時「贈送」的通話優惠，使你打了許多不必要的電話。大部分的優惠券文化，都是建立在私房錢效應的基礎上。

結論：當你贏錢或企業「贈送」你某些東西時，請留意，**你可能因為不知節制，很快就會損失更多**。你最好撕開金錢的誘人外衣，把它塞入工作服，直接存進銀行帳戶裡。

37 Procrastination
拖延症

為什麼新年新希望不會實現

我有個作家朋友，他知道如何將感情轉換為句子，是位語言的藝術家，每七年會完成一部近百頁的著作，產量相當於每天兩行。被問及為何創作量如此微小時，他回答道：「研究比寫作快樂。」事實上，他每日不是瀏覽網站數小時，就是全神貫注研讀最深奧的書籍，希望發現被隱藏的偉大歷史。當他終於找到合適的題材時，又認為如果「沒有靈感」，勉強寫作並無法令人滿意。不幸的是，靈感很少造訪。

另一位朋友在這十年間，每天都下決心要戒菸，每根香菸都是最後一根。而我呢？從六個月前至今，我的納稅申報單一直擺在桌子上，顯然我希望表格會自動填寫完畢。科學界將這個傾向稱為**拖延症**，意指拖延不愉快但重要的行為：轉個彎到健身房、換個更便宜的保險、寫感謝卡。新年願望也無法改變這些行為。

拖延是不理性的，因為計畫不會自行完成。我們也不是不知道什麼對我們才是好的，但為什麼我們仍一再擱置重要的事呢？因為付出與回報之間有時間上的差距，要跨越這個差距需耗費大量的心力。心理學家鮑邁斯特利用一個巧妙的實驗予以佐證：他請學生坐在一個飄出陣陣巧克力餅乾香味的烤箱前，烤箱前有另一個裝滿蘿蔔的碗，他告訴學生，可以盡情享用蘿蔔，但嚴禁食用餅乾。然後，他離開三十分鐘。第二個實驗組的學生則可以盡情吃餅乾。接著，這兩組學生必須解一個極具挑戰性的數學問題。被禁止吃餅乾的學生的解題速度，比可隨意享用餅乾的學生多了兩倍。將精力耗損在自我控制上頭，導致他們失去了解題的意志力。意志力像電池一樣，至少就短期而言是如此。當能量用完時，便無法面對未來的挑戰。

每個人都知道，自我控制無法隨時待命，它也需要放鬆、自我放空和充電。在本例中，吃餅乾就是其中一項。

第二個避免拖延的必要條件，就是防止恣意自我放逐的技巧，其中包括消除雜念。我寫小說時會關掉網路，特別是從事消耗體力的工作時，瀏覽一下網頁的誘惑力太大了。最好的訣竅就是訂定期限。心理學家丹・艾瑞利發現，由別人設定的最後期限成效最佳，例如教師或稅務機關規定的截止日期。自我擬訂的時程表，必須將工作清楚畫分爲小步驟，並爲每個步驟訂定日期時才有約束力。新年願望沒有明確的次目標，因此注定失敗。

結論：**拖延是不理性的，卻是人性的一部分**，可以運用不同技巧來對抗它們。我的鄰居在三個月內完成博士論文：她租了一個小房間，裡面沒有電話與網路。她將論文分爲三部分，各自擬訂一個完成日期。她將自己擬訂的目標告訴每個願意聆聽的人，甚至把它印在名片背面。如此一來，等於公開自己的最後期限。她在中午和晚上時會翻閱時尚雜誌、睡一頓好覺，以充飽自己的「電池」。

38 Jealousy
嫉妒

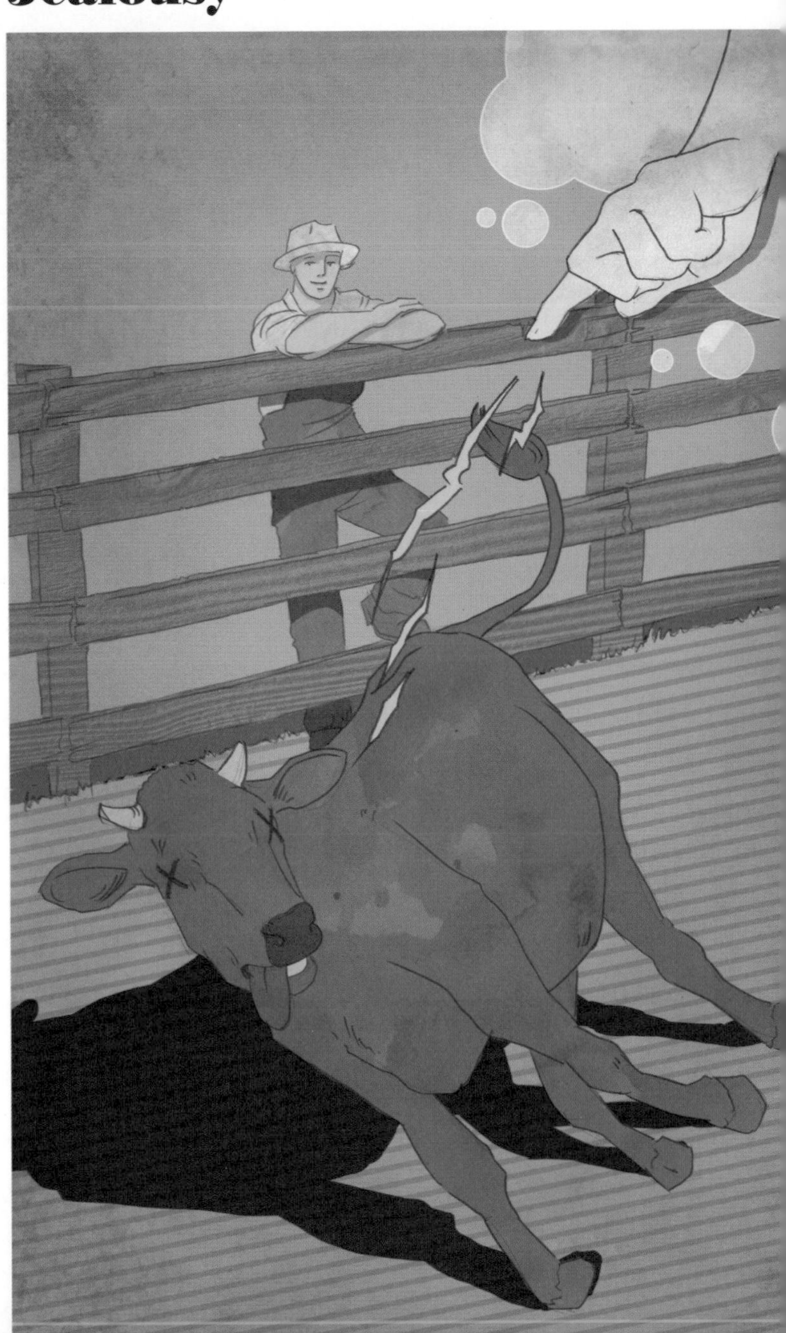

為什麼要建立自己的王國

你覺得以下哪種情況最令人惱怒？（A）你朋友們的平均收入增加，唯獨你保持不變。（B）你朋友們的平均收入不變，只有你減少。（C）你和朋友們的平均收入都下降。你選擇答案A嗎？別擔心，你絕對不是不正常，只是一個普通的嫉妒者。

俄羅斯有個故事是這麼說的：有個農民發現一盞神燈，觸摸它後，裡面冒出一個精靈，並承諾送他一個願望。農民想了一會兒，最後，他說：「我的鄰居有一頭牛，而我沒有牛，所以我希望鄰居的牛死掉。」

故事聽起來十分荒謬。你也許會認同這個農民，或許你有時也會產生與他相同的想法。你的同事獲得一筆豐厚的獎金，你卻沒有，所以你會出現嫉妒的情緒。這種情緒發展成不理智的行爲：你不再幫助你的同事、破壞他的計畫，甚至刺破他的保時捷輪胎。當他滑雪摔斷了腿，你心中竟暗自竊喜。

在所有情感中，嫉妒是最白癡的。爲什麼呢？因爲相對於憤怒、悲傷或恐懼，它最容易擺脫。投資大師蒙格說：「如果你擔心別人賺錢的速度比你快，就犯了七宗罪之一。嫉妒是一個極度愚蠢的罪，因為它是唯一了無生趣的罪。太多的痛苦卻毫無樂趣。為什麼有人要自討苦吃呢？」

許多事都能引發嫉妒，像是財產、地位、健康、青春、技能、受歡迎、美麗等等。嫉妒常常與羨慕混淆，因為身體對這兩者的反應是相同的，不同之處在於，嫉妒只需兩個人，而羨慕必須要有三個人（彼得羨慕庫爾特，因為美麗的女鄰居敲了庫爾特的門，而不是他的）。

嫉妒的有趣之處在於：**我們特別容易嫉妒那些在年齡、職業和生活方式上，與我們相仿的人**。我們不會嫉妒上個世紀的企業家，我們不會嫉妒植物或動物，我們也不會嫉妒另一個半球的百萬富翁，卻會嫉妒隔壁的富人鄰居。做為一個作家，我不會嫉妒音樂家、經理或牙醫的成就，而是眼紅其他作家的成功。亞里斯多德深知這個道理：「陶工嫉妒陶工。」

這種情緒驅使我們犯下一個經典的錯誤行動：財務上的成功終於讓你擺脫蘇黎世的普通住宅區，搬到黃金湖畔。在最初的幾個星期，你盡情享受蘇黎世湖上的夕陽倒影，還有朋友得知你新地址時的反應。但很快你便察覺到，房子周邊林立完全不同等級的別墅。你把舊有的對照組換成更富有的人，嫉妒和地位的壓迫感因此油然而生。

嫉妒的感覺一旦出現便很難消除，但你可以避開它。第一、停止與別人比較。第二、尋找你的「競爭優勢圈」（Circle of Competence），並成爲該領域的佼佼者。建立你的地位，成爲領導者，不管你所在的領域有多小，最重要的是，你是那裡的國王。

如同所有情緒，嫉妒也有它的演化史。隔壁洞穴的原始人類搶奪到較大塊的戰利品，這意味著失敗者分到較小一塊。嫉妒促使我們採取行動，若沒有嫉妒，獵人和採集者便會絕種。在極端的情況下，當別人大快朵頤時，他們卻活活餓死。我們就是這些人的後代，嫉妒者的後代。只是時至今日，嫉妒不再性命攸關。如果我的鄰居買得起一輛保時捷，並不意味著我會因此而損失什麼。

每當我又有嫉妒的徵兆時，我的妻子會平心靜氣地說：「你可以嫉妒一件事，那就是你決心要做的事。」

39 Personification

擬人化

為什麼你寧願讀小說而不願看統計數字

十八年來，美國媒體禁止刊登陣亡士兵棺木的照片。二〇〇九年二月，美國國防部長羅伯特．蓋茨（Robert Gates）解除這項禁令後，網路上的照片有如雨後春筍般出現，無法阻擋。雖然公開照片必須取得亡者家屬的正式同意，但這項規定形同虛設。究竟爲什麼要禁止刊登士兵棺木照片呢？這是爲了掩飾戰爭的殘酷。若好奇無辜受害者人數，大可查閱陣亡士兵統計。只是我們對統計數字的反應冰冷，對人，尤其是死者，則會高度情緒化。

原因是，自遠古時代起，我們只有在團體裡才能存活。因此，在過去的十萬年來，我們對於他人的想法與感受，發展出一種敏感的感受力，科學界將它稱爲「心智理論」（Theory of Mind）。他們進行了一個實驗：我給你一百歐元，你必須與陌生人分享，但可以針對分配的比例提出建議。如果對方接受你的建議，這筆錢將據此分配；如果陌生人拒絕，你必須交回一百歐元，你們兩人將一無所得。你有什麼建議呢？

盡可能分給陌生人最少的錢，也許用一歐元來打發他，才是理智之舉，因爲對他來說，聊勝於無。經濟學家於一九八〇年代開始試驗這個「最後通牒遊戲」（ultimatum games）。受測者的行爲差異極大：他們提出三〇%和五〇%之間的建議，低於三〇%的提議被認爲是「不公平的」。最後通牒遊戲是「心智理論」最具體的展現：遊戲雙方必須要有同理心。

然而，一個微小的變化就足以破壞整場遊戲中的慷慨心理：兩位遊戲者分別被帶到獨立的房間，素不相識的受測者看不見對方，無法揣摩另一人的感受。當受測者看不到對方時，提出的分配金額平均低於二〇%。

心理學家斯洛維奇（Paul Slovic）在一個實驗中要求受測者捐款。他對一組受測者展示一張馬拉維（Malawi）兒童羅奇亞的照片，這個瘦弱的孩子流露出哀求的眼神。受測者平均捐出二・五美元給慈善機構。斯洛維奇向第二組人口述馬拉維的饑荒，有超過三百萬名兒童營養不良。捐款意願比第一組低了五〇%。這個結果令人驚訝：基本上，當眞實災難規模顯然較大時，捐贈的金額應該上升。但人們卻不這麼想。**面對統計數據時，我們較為冷漠，面對人時則不然**。

媒體們早就知道，實況報導與條狀圖不會贏得讀者的青睞。因此有個格言如此說：每篇報導都有名字，每篇報導都有人！談到股票時，執行長（因房價走勢而心情愉悅或憂心忡忡）就會出面；涉及國家事務時，該國總統就得發表談話；在地震中必須有受害者。

這種以人為中心的現象，說明「小說」這個最重要文化發明的成功。這種文學的「殺手鐧」，使得人際之間與個人內心的衝突簡化成少數的個人故事。新英格蘭清教徒的心理折磨足以寫成一篇論文，而我們至今仍在閱讀霍桑（Hawthorne）的《紅字》（*The Scarlet Letter*）。那麼一九三〇年代的經濟大蕭條呢？統計只是一列列的數字，但家庭劇卻令人難忘，就好似史坦貝克（Steinbeck）的《憤怒的葡萄》（*The Grapes of Wrath*）。

結論：當有人向你講述自己的故事時，請謹慎看待，並查明事實和相關的統計資料。如此一來，不僅可以了解這個故事的來龍去脈，自己也會被打動。但是，如果你不是接收者，而是想要傳達本身的信念，也就是說，你想要感動、喚醒、激勵人心，那麼就好好發揮人性的一面。

40 Fallacy of that-which-doesn't-kill-me

「那殺不死我的，將使我更強壯」的謬論

為什麼危機極少成為轉機

十年前見到珊卓拉時，她活力充沛，是個迷人、聰敏、年輕的女子，可以挑戰所有的理論思考，使其相形失色。她嫁給一名默默無聞的會計師，兩年後，罹患了最棘手的乳癌第五種亞型，她的丈夫在她化療時外遇，珊卓拉因此得了憂鬱症，爾後的工作總是不超過六個月。現在的珊卓拉不過是她過往自我的憔悴陰影。當我最近造訪她時，已經離婚又獨居的她說：「我差點就失去生命。但你知道，這一切讓我愈挫愈勇。」這是我聽過最離譜的話。

馬汀是一位企業家，專門生產筆記型電腦包。公司成立五年後，新的競爭對手搶走他的客戶。兩家公司的產品差異性並不大，但競爭對手的行銷策略比他成功。馬汀不得不裁掉絕大多數員工。銀行取消公司貸款，他僅能支付到期的利息，因爲他個人也背負債務。當時公司差點倒閉，如今已重回榮景。「我們學到了很多東西，現在已經從危機中堅強地走出來。」愈挫愈勇？

「那殺不死我的，將使我更強壯。」這句話源自於尼采。他說錯了。危機不會使公司強大，而是讓它更脆弱：客戶跑掉、媒體幸災樂禍地大放厥辭、最優秀的員工離職、現金帳戶金額不斷降低、貸款條件愈來愈嚴苛、管理階層不知所措而紛紛請辭……在這種情況下，我們竟然還想看到其中積極的一面。

這種幻想從何而來呢？請以機率的邏輯來思考，也就是說，想想所謂的機率。那些**在危機中存活下來的人，往往只是幸運罷了**。假設有一千家筆記型電腦包生產商歷經嚴重的經濟危機，追蹤它們的爾後發展，統計會呈現怎樣的分布情形呢？從倖存者的角度來看，結論是愈挫愈勇，但這其實是一種假象。從整體上看，**危機就是危機，不是強大自我的過程**。我們很容易忘記，自己會在危機中被毀滅（或可能被毀滅）。

一位朋友騎摩托車出了車禍，撞擊會讓他更強壯嗎？他從中學習到騎車的危險性，因此賣掉自己的摩托車。做得好。但只要看看統計數據就可以知道這個道理，根本不需要與死亡打交道。許多人會說：「危機對我是好的，我現在擁有全新的生活了。」嗯，好吧，但是這個想法（更少的壓力、更少的貪欲、不要汲汲營營追求金錢等）在事前便可做到。請原諒我這麼說，因意外事故、疾病或破產而有所領悟，是最悲慘也是最愚蠢的方式。如果目前這個新的生活方式是有意義的，那麼它在過去早就是有意義的，難道人們沒有意識到這點嗎？唯一的解釋就是，我們若不是懶於思考，就是立場搖擺不定。

相信可怕之事是有益的，是一種錯覺。我們甚至可能有過這樣的經驗：疾病會在身體留下痕跡，身體不會比生病前健康。意外事故或燒傷也是相同的道理。有多少沙場歸來的士兵因此「愈挫愈勇」呢？福島核災或卡崔娜颶風的倖存者會因此「更堅強地」面對未來嗎？我們從這些事件中學習：與其在下一個颶風來襲時，自我安慰這對我們有益，遠離危險區域才是更聰明的做法。

結論：如果執行長宣布公司已經脫離危機，你最好更謹慎地檢視這個說法。實際情形可能與此相反。至於珊卓拉，我並未戳破她的幻覺，因爲對她來說，活在幻覺中會比在眞相中更容易。

41 Illusion of Attention

注意力錯覺

為何偶爾該分散注意力

大雨襲擊英格蘭南部後，河水湧入布里斯托附近的村莊拉金頓。警方封鎖沙灘，也就是車輛一般行駛的淺水處，並標示改道。封鎖行動長達兩個星期，但每天至少有一輛車對警示牌視而不見，駛過湍急的水流。因爲駕駛員太專注於導航系統，因而沒看見前方的標誌。

一九九〇年代，哈佛大學心理學家克里斯・查布利斯（Christopher Chabris）和丹尼爾・西蒙斯（Daniel Simons）拍攝兩隊來回投擲籃球的學生。一隊身穿黑色T恤，另一隊著白色T恤。這個短片被上傳到YouTube，名爲「大猩猩實驗」（Monkey Business Illusion）。如果你現在可以上網的話，請看完影片再繼續讀下去。

看過短片的被測試者被要求計算穿著白衣球員的投球數。影片播放到一半時，球場上發生一件荒謬的事：有個學生打扮成大猩猩跑到球場中，做出拍打胸部的動作後隨即消失。影片結束後，受測者被問及是否注意到異常情況發生。是的，他們是否看到大猩猩。一半的觀眾驚愕地搖搖頭。大猩猩？什麼大猩猩？

大猩猩實驗在心理學中極爲著名，用來證明所謂的注意力錯覺：我們相信自己不會錯過視線內的任何事物，但事實上，即便意想不到的事如大猩猩般異常、顯著，我們還是只看得到自己專注的事，例如實驗中的球數。

注意力錯覺可能是危險的，舉例而言，在一般情況下，你在車上撥打電話的行爲是無害的，講電話不會影響常規動作，你仍然可以把車輛行駛在車道間，並在前方車輛刹車時跟著刹車。但是，當突發狀況中斷常規動作時，例如有個孩子衝出來，注意力就來不及做出反應。研究顯示，因開車時打電話所降低的反應速度與酒後駕駛相同。使用手機或對講系統的結果相同，都會使關注道路意外情況的注意力消失殆盡。

也許你曾聽過「房間裡的大象」這個英文諺語，用以形容擺在眼前，卻遭人們刻意忽略的議題或事件。就像是一種禁忌。與之相對，現在讓我們也來定義「房間裡的大猩猩」：一個應該付諸討論卻被刻意忽略的顯著、非常重要且緊迫的議題。

再以瑞士航空公司（Swissair）爲例，該公司過於專注擴展而忽略了資金流動不足的問題；東歐國家因經濟失敗而導致柏林圍牆倒塌；二〇〇七年前都沒人注意到銀行資產負債表隱藏的風險，導致一年後金融體系瓦解。所有在我們眼前來回跺腳的大猩猩，都被嚴重忽視。

這並不是說我們完全忽略異常之處，關鍵在於我們只會注意那些讓我們驚訝的事物，而不是那些讓我們視而不見的事物。我們沒有證據證明自己缺乏注意力。這使我們產生了一種危險的錯覺：**我們以為自己注意到所有重要事物**。

請不時提醒自己這種注意力錯覺，迫使自己面對所有可能以及看似不可能的情況。可能出現哪些異常情形？是否忽略了哪些細節，忘了探究焦點後的意義？哪些議題無人談論？爲什麼異常平靜？想想看那些難以置信的事。結論：不尋常的事物可以非常明顯且異常，但也許我們對它仍視而不見。因爲，單是明顯與異常是不夠的，它必須受人期望。

42 Strategic Misrepresentation

策略性不實陳述

為什麼吹噓能夠說服人

假設你爲了申請一個夢寐以求的工作，打造一張精采亮眼的履歷表，在面試中強調自己的成就和能力，刻意略過弱點。當被問及是否能夠提升三〇%營業額，同時降低三〇%的成本，你平靜地回答：「我想是沒有問題的。」即使你內心擔憂，也暗自思考著接下來的棘手問題該怎麼解決，但你孤注一擲，只想得到這份工作。先將工作拿到手，其他細節再慢慢解決。你知道，只要誠實回答，你可能就不會被錄用。

假設你是記者，正在構思一部出色的非文學類作品，主題鎖定一個眾所矚目的焦點。有位出版商願意預支一筆優渥的稿費，但爲了正確計算這筆預支費，他需要一份交稿時程表。他摘下老花眼鏡凝視著你：「我何時能夠拿到草稿，半年時間夠嗎？」你吞了一口口水，因爲你從來沒有在三年內完成一本書。你回答：「我想是沒有問題的。」你當然不願意說謊，但你也知道，一旦實話實說，這份合約就飛了。當一切已成定局，預付的稿費也匯入銀行帳戶，必要時，你就可以利用出色的「藉口管理」（excuse management），不斷地讓出版商妥協。

在專業上，這種行為被稱為**策略性不實陳述**。冒的險愈大，誇張的程度就愈高。策略性不實陳述並非放諸四海皆準。如果你的眼科醫生連續五次向你承諾可以恢復完美的視力，但隨著每一次手術後視力逐漸惡化，有一天你就不會再認眞看待他的話。但如果冒險是一次性的，策略性不實陳述則十分值得一試，例如上述的面試，畢竟同一家公司不會重複聘任你，機會僅此一次或永遠不會有。

策略性不實陳述適合運用在：（A）無人負責的大型計畫（例如招標計畫的政府早已下台）；（B）多家公司參與並因此可相互推諉的計畫項目；以及（C）最快數幾年後才會結案的計畫。

在大型計畫這方面，沒有人比牛津大學教授班特・傅萊傑格（Bent Flyvbjerg）更熟悉其中之道。爲什麼這類計畫幾乎總是預算超支及延期？因爲這裡要支付的不是最好的計畫，而是紙上那個完美的計畫。傅萊傑格稱此爲「倒置的達爾文主義」（reverse Darwinism）：**最會吹牛的人將得到計畫做為報酬**。策略性不實陳述是一種厚顏無恥的謊言嗎？就像女人辯稱自己沒有化妝，或男人租賃保時捷以打腫臉充胖子？沒錯，基本上是的。我們有系統地忽略這些謊言，正如我們有系統地忽視策略性不實陳述。

在許多情況下，策略性不實陳述是無害的，但當策略性不實陳述涉及非常重要的事情時，例如前述例子提及你的眼睛、你未來的員工時，則不盡然如此。因此，如果陳述事實與人有關（一位職位候選人、一本書的作者、眼科醫生），那麼就要忽略對話者的話，轉而考量他過去的成績；若涉及計畫，便要以類似計畫做爲借鏡，審視計畫時間、利益及成本，並要求解釋爲何這個計畫比其他計畫樂觀許多。請你將此計畫交給一位銀行家，請他給予嚴格的批評，並在合約中納入一項條款，針對預算超支和延宕處以巨額的罰款。爲了安全起見，這筆罰款必須先存入凍結帳戶。

43 Thinking Too Much

顧慮太多

何時該讓大腦休息

從前有隻聰明的蜈蚣，牠從桌角看著另一張桌子上的糖粒。聰穎的牠思考著，該從左邊或右邊桌腳爬下來，又該從另一張桌子左邊或右邊的桌腳爬上去。接著牠又思索另一個問題：要先跨出哪條腿，以及每隻腳的先後順序。這隻蜈蚣受過數學訓練，因此計算出所有可能性，然後挑出最理想的選項。最後，牠終於邁出了第一步，但由於牠太專注於思考，導致所有的腳糾纏在一起，無法移動，最終活活餓死。

一九九九年英國公開賽，尚・范德維德（Jean Van de Velde）在高爾夫球場上一路領先。他帶著三桿領先走上最後一洞開球台。即使吞下雙柏忌，他仍可維持領先位置。輕而易舉！登上高球大滿貫賽冠軍只是時間問題。現在只要謹慎揮桿即可。但是，當范德維德走到發球點時，汗水凝結在額頭上。像個初學者般，他將球打入草叢中，距離球洞有將近二十公尺遠。范德維德更加緊張。接下來的情況愈來愈糟：球再次落入及膝的草叢裡、掉進水中，最後停在沙地上。他的身體動作突然就像新手般生硬，經過七次嘗試後，球終於重回草皮，然後進洞。范德維德與英國公開賽冠軍擦身而過，這也是他職業生涯的最後一戰。

雷勒（Jonah Lehrer）在他的著作《大腦決策手冊》（*How We Decide*）中說明太多顧慮所導致的危險。一九八〇年代，美國消費者雜誌《消費者報告》（*Consumer Reports*）邀請經驗豐富的美食家評論家測試四十五種不同的草莓醬。幾年後，心理學教授提摩西・威爾森（Timothy Wilson）與他的學生重複相同的實驗，結果幾乎相同，學生喜愛的果醬與專家並無二致。但這只是威爾森實驗的第一部分。他與第二組學生重複相同的實驗。與第一組不同，受測學生必須填寫問卷，並詳細說明自己的評分。結果所產生的排名完全失眞，有些最好的品質卻得到最差的積分。

結論：想太多時，會遏阻頭腦中的情感智商。這聽起來很深奧，但不盡然。因爲感情與清晰及理性的思維相同，都是在大腦中生成，只是以一種不同於理性思考的方式來處理訊息，這種方式更爲原始，但不一定更差，通常甚至更好。

現在的問題是，當我們憑直覺行事時，又該如何思考呢？經驗法則告訴我們，如果涉及熟練的事物，尤其是運動技能（蜈蚣、范德維德）或我們已經回答數千次的問題（巴菲特將這種情況稱之爲「競爭優勢圈」）時，那麼最好不要多想。**過多的顧慮會不必要地妨礙以直覺去尋求解決辦法**。石器時代祖先面對的那些抉擇，像是評斷食物、選擇朋友或哪些人值得信賴的問題也適用相同的原則。對此，我們的捷思（思考捷徑）顯然優於理性的思維。相反地，對於我們在演化裡沒有學到的複雜情況（例如投資決策），最好冷靜思考，這時邏輯勝於直覺。

數學教授貝利・馬祖爾（Barry Mazur）分享了一個自身的小故事：「幾年前，我面臨從史丹佛大學轉到哈佛大學的抉擇，我一直用這個難題煩我的朋友們。最後，有個朋友說：『你是決策理論領域的專家，也許你該列出所有的優缺點，評估並計算預期的收益。』我不加思索地脫口而出：『求求你，桑迪，這是一個很重要的問題！』」✿

44 Planning Fallacy

規畫謬論

為什麼你會好高騖遠

你總是在清晨擬訂每日的工作清單，但你能在晚上完成所有工作的次數有多少呢？你總是如期完成嗎？還是兩天一次？也許每週一次？如果你和多數人一樣，每二十天中有一次能夠如期完成清單中的任務，那就表示你安排了太多的工作，簡直多到不可思議。如果你是第一天來到這個星球，那還情有可原，但是，如果你擬訂待辦事項表的時間就算沒有十年，也已經好多年了，那我們就可以假設，你一直都高估了自己的辦事能力。這個論點並非空穴來風。在其他領域中，你會透過自身經驗來學習、成長，涉及計畫擬訂時，又怎麼會例外呢？**雖然自知以前大部分的預測都過於樂觀，但你還是真心地相信今天的安排再實際不過了**。諾貝爾經濟學獎得主康納曼將現象稱爲**規畫謬論**。

一般來說，即將畢業的大學生都必須繳交畢業論文。加拿大心理學家羅傑・比埃勒（Roger Buehler）和他的研究小組請畢業班的學生就兩種狀況自行設定繳交期限：（A）就現實狀況評估，在「務實的」情況下，何時可以繳交論文。（B）在「諸事不順的」情況下，繳交論文的時間點又是何時。結果：只有三〇%的學生在「務實的」期限內如期完成論文。平均來說，這些學生的論文繳交時間比原訂時間延遲了將近兩倍，相較於「諸事不順的」情況，還整整多了七天。

在商業、科學和政治合作上，規畫謬論尤其顯而易見。**計畫所需的時間與收益常被高估，成本與風險則恰恰相反，反而會被系統化地低估**。貝殼形的雪梨歌劇院於一九五七年完成規畫，預計一九六三年完工，所需經費爲七百萬美元。然而，雪梨歌劇院卻直到一九七三年才正式啓用，花費一億兩百萬美元，預算整整暴增了十四倍！

爲什麼我們無法做好規畫呢？第一個原因是：妄想。我們希望成爲有成就的人，能夠完成擬訂的所有工作。第二，我們過於專注計畫本身，而忽視了計畫外的影響。塔雷伯在他的著作《黑天鵝效應》（*The Black Swan*）中描述，有間拉斯維加斯賭場如何完美地計算風險與利潤，但後來發生三件事，幾乎導致該公司破產：有位明星（齊格菲和羅依〔Siegfried & Roy〕雙人組中的羅依）在表演中遭到老虎攻擊，導致該賭場損失了約一億美元；有名雇員遺失一張報稅表格，幾乎讓賭場陷入撤銷執照的危機；最後，賭場老闆的女兒被綁架了，老闆動用賭場資金來籌措贖金。當然，誰都沒料到會發生這些事，但正是這些意想不到的事破壞了我們的計畫，就算所遭遇事件的戲劇性程度不達上述例子的一半，結局也是一樣。同樣的情形也發在我們的日程表上：女兒吞了魚骨；汽車的電池罷工；桌上房屋報價單急需討論。

更精確的計畫是解決之道嗎？不，一步步的規畫甚至會加劇規畫謬論。因爲如此一來，我們會更專注於計畫本身，因而更少考慮到意外狀況。

那該怎麼辦呢？向過往的經驗請益。不要限縮目光，只看著自己的計畫，而是積極尋求外部值得參考的案例。如果以前有類似的計畫，耗費了三年時間、投入五百萬的資金，卻無疾而終，以失敗坐收，那麼不管你的計畫如何縝密，同樣的情況也極有可能會發生在你身上。此外，最重要的是，在計畫拍板定案之際，要進行所謂的「死亡前」的會議。美國心理學家蓋瑞・克萊恩（Gary Klein）建議在會議上向團隊發表這段簡短的談話：「想像一下，一年後的今天，我們執行了這項定案的計畫，結果卻慘不忍睹。請利用五到十分鐘，簡單描述可能發生的慘況。」虛構的故事將會告訴你該如何安排你的計畫。

45 Professional Deformation
專業曲解

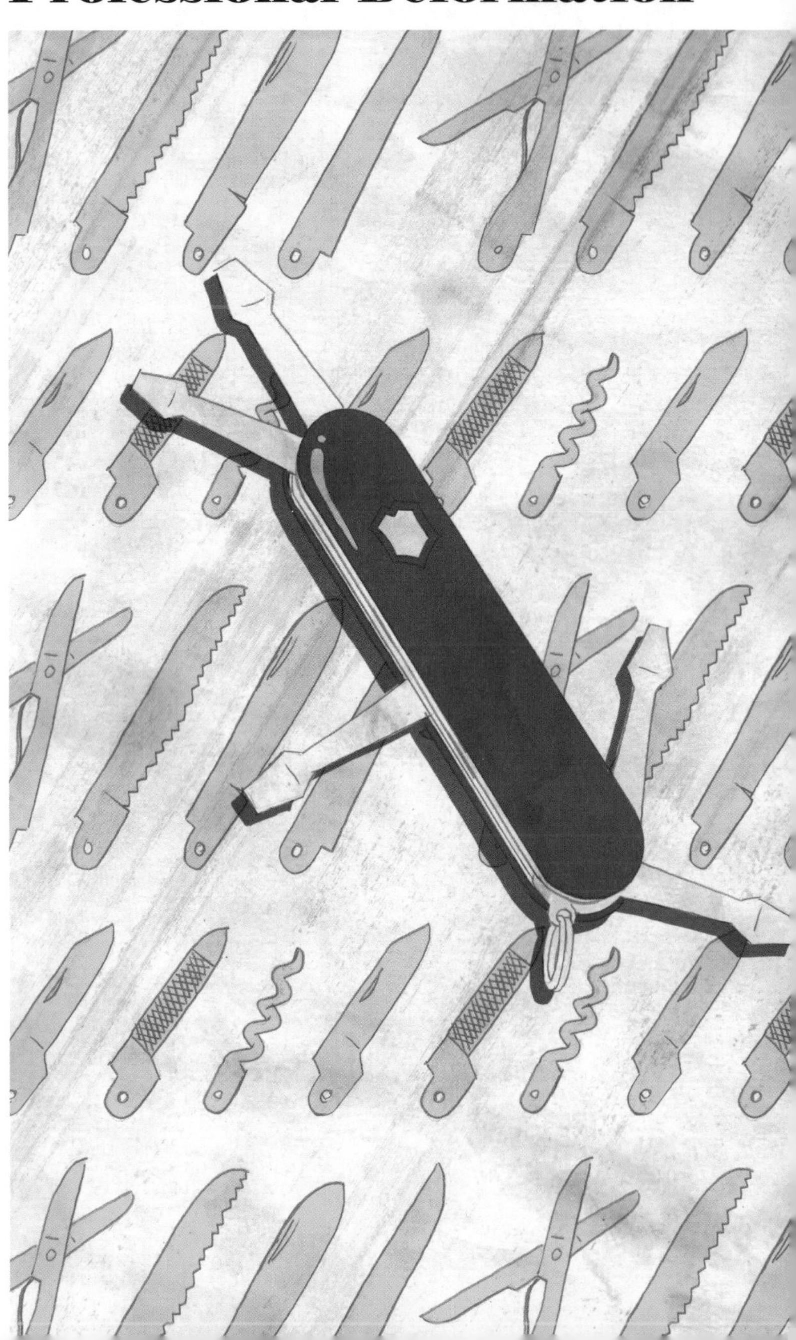

手拿錘子時，眼中的問題都像根釘子

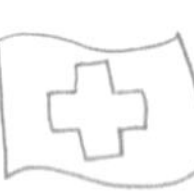

有個人貸款創業，不久後便破產，他因此罹患憂鬱症，最後走上自殺之途。

你對這個故事有什麼看法呢？身爲企業管理者，你當然好奇他爲什麼會失敗，難道他不懂得管理嗎？還是經營策略錯誤？亦或市場太小，競爭太激烈？做爲行銷專家，你懷疑他目標族群設定錯誤；如果你是金融專家，可能會質疑貸款是否是正確的融資方法；做爲地方記者，你看到這個故事的報導價值：幸虧這名男子自殺了！做爲一個作家，你思索如何將這個意外擴大成希臘悲劇；做爲銀行家，你想到的是信貸部門一定犯了錯；做爲一個社會主義者，這是資本主義的失敗；敬虔派教徒相信這是上帝的懲罰；做爲一個心理醫生，你認爲悲劇是血清素濃度過低所致。哪個觀點才是「正確」的呢？

都不是。「當錘子是唯一的工具時，你眼中的問題都像根釘子。」馬克・吐溫的這句名言爲**專業曲解**下了最完美的註解。巴菲特的商業夥伴蒙格套用馬克・吐溫的話，將這個效應稱爲錘子傾向（the man with the hammer tendency）：「我們被訓練成經濟學家、工程師、市場行銷專家、投資經理或是其他專業人士，並學到一些專業概念模式。現在我們忙得昏頭轉向，並嘗試以這幾個模式來解決遇到的所有問題。」

舉例而言，即便更低侵入性的方法就能治癒病患，外科醫生幾乎還是會採用手術解決所有的醫療問題。軍官首先想到的是軍事解決方法，建築工程師則是施工方法，趨勢大師看到的是趨勢（順帶一提，這是觀察世界最白癡的方式之一）。總之，如果你**詢問一個問題的癥結時，多數人都會先以自己的專業為思考基礎**。

依賴自己的專業爲何不對？安分守己難道不好嗎？如果將某個領域的方法用於另一個領域，專業曲解就會招致危險。相信大家經常看見以下情景：生育後的女性把丈夫當成孩子般對待、教師把朋友當作學生般痛斥。自從每部電腦都安裝 Excel 軟體，我們也把它用在毫無意義的地方，例如對初創企業或在交友網站上偶遇的潛在情人進行評分。

即使是在自己的專業領域，「那個手拿錘子的人」仍習慣濫用錘子。經過「訓練」，文學評論家專注於找尋作者的隱喻、暗示和言外之意。自從我開始寫小說，就知道這些評論家們精通此道。這讓我想起那些財經記者們，他們把央行總裁一席無關緊要的談話解讀成暗示要改變貨幣政策。

結論：人腦不是電腦主機。更貼切地說，它就像一把具備多種特殊工具的瑞士刀。可惜的是，我們的大腦是一把不完整的瑞士刀，因爲缺少了許多刀刃和螺絲起子。每個人都是自己狹隘思維模式的囚犯。所以，試著爲自己增加兩到三個額外的工具——與你的專業領域相差十萬八千里的思維模式。近年來，我訓練自己從生物角度來看世界，並對複雜系統有了新的認識，我有位音樂家朋友則去修了企業管理。想想你的缺點，並從那裡開始尋找有助益的思維模式。只需約一年的時間，就能將新領域最重要的模式內化。這是值得的：你的瑞士刀會變得更完整且更靈活，你的思緒也會更加清晰。

46 Zeigarnik Effect

蔡加尼克效應

為什麼擬訂計畫讓人安心

一九二七年，柏林，一群大學生和教授到一家餐廳用餐。服務生認爲沒必要寫下所有點餐，包括每個人的特殊要求。全桌的人心想，他肯定會出錯。然而事實證明，所有餐點與飲料都正確無誤！

晚餐後，他們走在路上，俄羅斯心理系學生布魯瑪・蔡加尼克（Bluma Zeigarnik）發現自己把圍巾留在餐廳。她走回餐廳後，找到那位記憶力驚人的服務生，問起她遺忘的圍巾。這位服務生滿臉狐疑地盯著她，他壓根不記得她是誰，更別說她坐的位置了。「你怎麼可能忘記呢？」布魯瑪憤怒地問：「你的記憶力超強。」這位服務生簡潔地回答：「是的，但上菜後我就忘得一乾二淨了。」

蔡加尼克和她的指導老師庫爾特・勒溫（Kurt Lewin）研究這個怪異的行爲，發現所有的人或多或少都像這位服務生：我們很少忘記未完成的任務，它們會不斷出現腦海中，毫不鬆懈，像個孩童般纏著我們，直到我們注意到它。相反地，當任務完成時，它就會立即從記憶中消失。

蔡加尼克以自己的名字爲這種機制命名：**蔡加尼克效應**。然而，在她的研究中也出現一些不怎麼討人喜愛的異常值：有些人即便同時進行數十項計畫，頭腦依舊清晰。

直到近幾年，佛羅里達州立大學羅伊・鮑邁斯特和他的研究小組才掀開這個效應的神祕面紗。他將一群數月後將面臨重要畢業考試的學生們分成三組，第一組專注本學期的舞會，第二組全心全意準備畢業考，第三組不只是專心畢業考，還要對此擬訂詳細的學習計畫。然後，鮑邁斯特要求學生在有限的時間壓力內，仍要完整唸出每個字。有些學生會將「恐慌」說成「恐……」、有些人則例如把「Party（舞會）」講成「Paris（巴黎）」，這是找出學生下意識想法的好方式。正如預期，第一組學生幾乎將眼前的考試遠遠拋在腦後，第二組學生則滿腦子只想著考試，第三組的結果最令人訝異，雖然這一組學生專注於即將到來的考試，但他們思緒清楚，而且沒有感受到任何壓力。進一步實驗證明：**未完成的任務會不停折磨我們，直到我們清楚知道如何和它們相處**。蔡加尼克誤以爲，我們必須完成任務以後，它才會從記憶中消失。但其實不必如此，只要有個好的計畫就足以讓它從記憶中消失。這個結果令人驚訝，因爲我們從演化的角度很難理解，計畫構思者居然和問題解決者具有相等地位。

大衛・艾倫（David Allen）是美國時間管理大師，他將心境如水奉爲圭臬。這並不意味著放棄生命中所有的欲望，但它確實意味著，處理繁瑣雜事時，必須擬訂詳細計畫，一步一步來，最好能訴諸書面文字。當記下一切並寫成「詳細」任務後，我們才會心安。「詳細」這個形容詞十分重要。「規畫妻子的生日聚會」或「找新工作」的描述是毫無助益的。艾倫強迫他的客戶將這些任務細分成二十至五十個單獨的步驟。

幸運的是，你不需支付艾倫昂貴的顧問費，就能自己擬訂計畫的步驟。下一次如果睡不著，就應該知道爲什麼了。在床頭櫃上放本記事本，簡單的寫作會讓內心的雜音沉靜下來。「你想找到上帝，但只發現貓食，那麼就該死地擬個計畫來解決。」艾倫說。就算你已經找到了上帝，或根本沒有養貓，這個忠告總是能發揮作用。

47 Illusion of Skill
能力錯覺

懂得划船不如選對船

爲什麼能夠接連成功建立數間公司的連續創業家屈指可數？世上當然不乏這類企業家，賈伯斯（Steve Jobs）、理察・布蘭森（Richard Branson）和伊隆・馬斯克（Elon Musk）皆是。不過，在所有創業者之中，連續創業家的占比極低，僅僅不到一％。難道其他所有成功的企業家都像微軟共同創辦人保羅・艾倫（Paul Allen）一樣告老還鄉，坐著私人遊艇雲遊四海去了嗎？這應該不可能。了解企業家的人都知道，他們絕對無法忍受一直坐在躺椅上休息。如果不是這樣，難道是因爲他們在六十五歲前都緊握公司大權，不願放手呢？也不盡然，多數創業家會在十年內出售其股份。其實我們應該假設，這一類領導者的能力、人脈和聲譽，應是創立無數其他企業的最佳利器。儘管如此，爲什麼他們只會成功一次？事實的答案只有一個：運氣比能力更重要。沒有創業家樂於聽到這句話。當我第一次聽到**能力錯覺**時，我的反應也是：「什麼，我的成功只是個巧合？」人們會覺得受辱，尤其當成功來自辛勤努力的工作時。

即便如此，我們還是頭腦冷靜一點：一間公司的成功，究竟有多少取決於運氣，又有多少取決於辛勤工作與特殊才華呢？這個問題很容易引人誤解。並不是說才能無用，也沒有「努力工作不重要」的意思。可惜的是，技能與辛勤工作都不是成功的關鍵要素，它們是必要條件，但不是決定性條件。我們從何得知呢？有一個非常簡單的測試方法：當一個人在長時間內維持成功的狀態，而且在相同的時間內，相較於能力較差的人，前者的表現更爲成功時，只有在這種情形下，才能證明能力具有決定性的作用。事實證明，創業家都不符合這樣的條件。否則多數創業家在第一次成功創業後，就能輕而易舉地成功創立第二、第三和第四家公司。

那麼經理人呢？他們對公司的成功有多重要？研究人員一方面研究個性特點與管理行爲，另一方面則調查它們和提升公司價值之間的關係。結果是：如果隨機比較兩家公司，在六〇%的情況中，能力較優秀的執行長管理較頂尖的公司；四〇%的情況則是能力較差的執行長領導較頂尖的公司，僅比隨機分配高出一〇%。諾貝爾經濟學獎得主康納曼補充道：「我們實在很難想像，人們踴躍購買商界領袖的著作，但他們的平均能力僅稍稍高於巧合。」即便是巴菲特也不主張執行長偶像化，「執行長的表現，主要取決於他所坐的公司這艘船，而不是他的划船技術。」

除此之外，**在某些領域中，能力可說毫無用武之地**。一點用處都沒有。康納曼在《快思慢想》中描述他訪問一家資產管理公司的情形。在準備期間，他收到一份電子表格，上面羅列每位投資顧問過去八年的表現，他依此排出每個人的排名：第一名、第二名、第三名，依此類推遞減排名。康納曼就每年狀況進行排名，並迅速計算第一年和第二年、第一年和第三年、第一年和第四年……依此類推，直到第一年和第七年、第八年之間的排名相關性。結果：純粹隨機。同一個人，有時名列前矛，有時墊底。今年是最佳投資顧問，並不代表他前幾年與爾後數年的表現一樣耀眼。這兩者的相關性是零。即便如此，投資顧問依然因其表現賺了大筆的獎金。換言之，該公司獎勵的是隨機，而不是能力。

結論：有人確實以能力謀生，例如飛行員、水電工、律師等。但在有些領域，能力雖然是必要的，卻不是決定性條件，像是公司創始人、經理。也有機率掛帥的領域，金融服務業就是其一，這裡充斥著能力錯覺。所以，對你的水電工表現應有的尊重，但不必把成功的金融小丑當一回事。

48 Feature Positive Effect

正面特點效應

為什麼核對表會讓人盲目

下面爲兩行數字。數字列A：724、947、42I、843、394、4II、054、646。這些數字有哪些共同點？請找到答案再繼續讀下去。答案：每一組號碼裡都有數字四。數字列B：349、85I、274、905、772、032、854、II3。這些數字又有哪些共同點呢？請找到答案再繼續讀下去。你會發現，任務B比較困難。答案：每一組號碼都缺少數字六。你從這個例子中學到什麼呢？不存在的東西顯然比存在的東西更難以辨識。換句話說：**存在的東西比不存在的東西更重要**。

上週，我在散步時突然意識到自己沒有病痛。這眞是異想天開，因爲我幾乎不曾有什麼病痛。這個想法讓我感到驚訝，因爲它如此奇特又不容忽視。是的，有一刻我因此滿心喜悅，直到我再次遺忘時，又得費一番腦力思考這種沒有病痛的感覺。

琉森音樂節中，一場音樂會演奏了貝多芬的第九號交響曲，音樂廳裡響起如雷的掌聲，當第四樂章的歌聲揚起時，聽眾甚至流下喜悅的淚水。我心想，世界上有這首交響樂是何等幸運。但是，這是眞的嗎？如果沒有第九號交響曲，我們會因此而比較不快樂嗎？

好像也不會。

如果這首交響樂從不存在，人們根本不會感到若有所失，自然也就不會有人氣憤地對經理大聲喊叫：「廢話少說，現在就開始演奏！」簡而言之，**存在的事物對我們的意義，遠遠超過不存在的事物**。科學界將這稱之爲**正面特點效應**。

預防性的宣導活動便運用這個效果：「吸菸會引發肺癌」比「不吸菸就能遠離癌症」更令人印象深刻。會計師和其他使用核對表的專業人員很容易受到正面特點效應的影響：逃漏營業稅會立刻被發現，因爲每一筆帳清清楚楚地列在核對表上。但是，像安隆（Enron）、馬多夫（Madoff）藝術般的詐欺行爲，還有如尼克・李森（Nick Leeson）與傑羅姆・凱維埃爾（Jérômé Kerviel）等一系列的「魔鬼營業員」，使霸菱銀行（Barings Bank）或興業銀行（Société Générale）成爲犧牲品的手法就難以察覺了，因爲這類金融把戲不會出現在核對表上。這種情形甚至也會出現在非犯罪行爲上：依據核對表上的規定，房地產融資銀行能夠高度精準地確認貸款風險，卻無法預知該物業鄰近因興建焚化爐而導致建物貶值的風險。

假設你是一項具爭議性產品的製造商，例如膽固醇過多的沙拉醬，你會怎麼做呢？在包裝上列出沙拉醬內含的二十種不同維他命，但對膽固醇值隻字未提。消費者不會注意到缺乏的資訊，而產品標示的正面特點則會給他們安全感。

在科學界，正面特點效應屢見不鮮：證實的假設能刊登在期刊上，傑出的發現會獲得諾貝爾獎的肯定，相反地，否定的假設很難有機會發表在科學期刊上，據我所知，這類發現從未得過諾貝爾獎。然而，在科學上，對於假設的否證與證實，具有相同的價值。正由於這個效應，我們也比較容易接受正面建議（去做X），而不是負面的提議（不要做Y），至於這個建議是否具有意義，則不重要。

結論：我們很難注意到沒有發生的事物（nonoccurrences）。我們對於沒有發生的事物是盲目的。戰時，我們會清楚意識到戰爭的存在，但和平時，我們便不會想到戰爭這件事；健康時，我們很少意識到自己可能會生病；抵達馬略卡島，走下飛機時，我們絕對不會因爲沒墜機而感到訝異。如果能夠偶爾想想不存在的事物，我們會更快樂。但這是艱苦的腦力勞動。最偉大的哲學問題是：爲什麼我們在乎的是存在的事物，而非不存在的事物呢？或許我們無法在短時間內得知答案，但這個問題是有效避免落入正面特點效應陷阱的好方法。

49 Cherry Picking

撿櫻桃

為什麼要先射飛標再畫靶

飯店總是在網站上呈現自己最完美的一面，精挑細選每張照片，美麗雅致的一面才會刊登在網頁上，至於單調的視野、水管漏水的房間、毫無格調的餐廳則完全被隱藏起來。對此你心知肚明。所以，當你站在簡陋的大廳登記時，頂多聳聳肩就算了，你早知道會有這種情形。飯店的這種行爲被稱爲**撿櫻桃**。當你瀏覽汽車、房地產或律師事務所的廣告傳單時，也會如走進飯店一般自動降低心中期待。你熟知這個原理，所以不會上當。

反之，你對公司、基金會和政府機構的年度報告則會有不同的反應。對此，你期待客觀的表述。你錯了，因爲這些機構也會撿櫻桃：大篇幅地描述實現的目標，對於未達到的目標卻三緘其口。

假設你是位常務董事，董事會邀請你報告該部門的「執行狀況」，你打算怎麼做呢？你會用大部分的 PowerPoint 幻燈片說明豐功偉業，其餘的則屬於「未來挑戰」，未到達的目標則隻字不提。

趣聞軼事尤其是棘手的「撿櫻桃」的例子。假設你是一家生產技術設備公司的經理，一項具代表性的調查結果顯示，絕大多數客戶不會使用貴公司的產品，因爲實在太複雜了。人事經理舉手發言：「可是我岳父昨天一拿到產品，就立即上手。」你會多看重這一顆櫻桃呢？是的，幾乎零。要對趣聞軼事視而不見並不容易，因爲它是一個小故事，而我們知道，大腦對這類故事毫無抵抗力。聰明的企業負責人在職業生涯中，已經培養出對抗這類軼事的過敏反應，大腦會立即阻絕這類的言論。

領域愈「高級」或愈「精英」，就愈容易陷入撿櫻桃的陷阱。塔雷伯所著的《抗脆弱性》中，說明從哲學、醫學到經濟等所有研究領域是如何吹噓自己的成果：「學術研究擅長告訴我們它們所做的貢獻，而對於沒做的事則三緘其口。」這就是典型的撿櫻桃。但由於我們相當尊重學術專業，因此無法察覺到它們的撿櫻桃行爲。以醫學爲例，在過去六十年間，醫學的最大貢獻就是告訴大眾不該抽菸。這個貢獻遠遠高於二戰結束以來所有研究和醫學進步的加總。醫師德呂恩・布奇（Druin Burch）在他的著作《別讓藥品害了你》（*Taking the Medicine*）中已經提出佐證，然而幾顆櫻桃（抗生素）的發明卻混淆了視聽。所以：只有藥品研究人員因此受到讚揚，提倡禁菸的研究人員則被忽略。

大企業或行政部門工作人員也會如飯店自我美化，個個都擅長吹噓自己的成就，卻吝於告訴我們未提供的服務。該如何面對這種情形呢？當你成爲這類組織的監事會成員後，一定要問清楚那些「沒有摘的櫻桃」，也就是失敗的計畫和未實現的目標。你從中學到的東西會遠遠高於那些成功計畫所給予的。只是這個問題被提及的次數少得令人驚訝。第二，與其浪費時間在一大群財務主任身上，還不如仔細地審核支出的每一分錢，而且最好就當初擬訂的目標逐一核對。你會驚訝地發現，隨著時間的推移，原來設定的目標竟早已消失，而以人們本來就會實現的目標偷偷取代。當你聽到「自我設定的目標」時，心裡就要有所警惕。這就像有人先在木牆上射了一支箭，然後在箭頭周圍畫上標靶。

50 Fallacy of the Single Cause

單因謬誤

石器時代式的尋找代罪羔羊

克里斯・馬修斯（Chris Matthews）是美國微軟全國有線廣播電視公司（MSNBC）新聞頻道的明星記者，他會在新聞節目中與「政治專家們」連線數分鐘並提出問題。我從來不理解什麼是政治專家，也不知道爲什麼有人要從事這樣的職業。二〇〇三年，人們相當關注美國入侵伊拉克的作爲。而馬修斯提出的問題往往比專家們的答案更重要：「這場戰爭的動機是什麼？」「我想知道，爲什麼會發生九一一事件？」「你相信大規模報復性武器是戰爭的原因嗎？」「你認爲我們入侵伊拉克的原因是什麼？哪一個才是眞正的原因，而不是藉口呢？」這類問題問得我都聽不下去了。這些問題都具備所有最常見思考錯誤的特徵，奇怪的是，這個思考錯誤並沒有一個共通的名字，我們將它稱爲**單因謬誤**。

五年後的二〇〇八年，金融市場陷入一片恐慌，銀行破產，必須挹注人民的稅金營救，投資者、政治家和記者憤怒地探究金融危機的肇因：是葛林斯潘的寬鬆貨幣政策所致嗎？還是投資者自己愚蠢呢？是聲譽不佳的信用評等機構造成這樣的結果？會計師被收買了嗎？風險模式錯誤？還是單純因爲人們的貪婪呢？原因絕非單一，而是它們的綜合體。

這種綜合性原因無所不在。迷人的晚秋、朋友離婚、第一次世界大戰、癌症、校園喋血案、企業打入世界市場、文字的發明……每個思路清晰的人都知道：**並非單一的原因致使事情如此發展，那是數百個、數千個、無窮無盡個因素所導致**。然而，我們卻不斷嘗試深究那唯一的成因。

「蘋果成熟了就會掉下來，但它爲什麼會掉下來呢？因爲地心引力？是蘋果的莖乾枯了嗎？還是果肉腐爛了？是因爲自身太重？風吹了它？還是因爲站在下面的小男孩想吃呢？不會只有一個原因，而是這些全部都是原因……」這是托爾斯泰（Tolstoi）在《戰爭與和平》（*War and Peace*）中的句子。眞是一針見血啊。

假設你是玉米片產品經理，剛剛推出「Bio-Slim-Fit」新產品。一個月後，事實擺在眼前：新產品徹底失敗！你如何調查失敗的原因呢？首先，你現在知道了，原因不只一個，而是有多個。因此你拿出一張紙，巨細靡遺地寫下所有可能導致失敗的原因。接著如法炮製，列出這些原因背後的成因。一段時間後，你整理出一個可能影響因素網。第二，標出可以改變的項目，刪除無法控制的因素（例如「人性」）。第三，在不同的市場中，就標出的因素進行實際測試。這些測試需要花費大量的金錢和時間，卻是擺脫膚淺推測這個泥淖的唯一方式。

單因謬誤不僅歷史悠久且危險。我們學習到人是「自己行爲的創作者」，亞里斯多德早在兩千四百年前就曾這麼說過。現在我們知道這是錯的，我們並沒有自由意志，行動是由遺傳、教育、腦細胞之間的荷爾蒙濃度等數以千計的因素共同作用所啓動。然而我們卻緊抓著這個過時的人類形象不放。這不僅愚蠢，更有道德上的疑慮：只要我們相信僅有一個原因，就能將成功或自然災害歸因於一人，並把他標記爲「負責人」。尋找代罪羔羊的白癡法，非常適合「權力的運作」這個人類玩了數百年的把戲。

順帶一提，單因謬誤是如此受歡迎，崔西・查普曼（Tracy Chapman）甚至以此創造了世界性的成功。這首名爲〈給我一個原因〉（Give Me One Reason）的歌曲讓她取得空前的演唱成就……等等，難道沒有其他原因嗎？

51 Intention-To-Treat-Error
治療意向錯誤

為什麼賽車手是較安全的駕駛人

賽車手比所謂的「理性」駕駛人更安全，爲什麼呢？漢堡距離漢諾威一五〇公里，能在一小時內開完這段距離的駕駛人，我們把他們分到「賽車手」組，因爲他們的平均時速超過一五〇，其他人則歸爲「理性駕駛人」組。「賽車手」組和「理性駕駛人」組，哪一組的肇事機率較低呢？很明顯地，是賽車手組。他們在一小時內即可開完整段路程，表示他們在途中都沒有發生意外事故。相反地，肇事駕駛員當然就落在「理性駕駛人」小組身上。這個例子來自一本備受推崇的佳作《會騙人的數字：統計學的迷思》（*Der Hund, Der Eier Legt*），它說明一個被稱爲**治療意向錯誤**的危險思考錯誤。

有位銀行家最近告訴我一個有趣的研究。研究指出，債台高築的公司的營利高於沒有貸款的企業。銀行家們強烈要求，每家公司都應貸款到最高的額度。這一點對銀行本身當然是有利的。我仔細閱讀這份研究後發現，果然沒錯！在一千家隨機挑選的公司中，債務累累的公司不僅在資本上，甚至總資本上都顯示出較高的報酬率；債務纏身的公司，在各方面的表現都比未負債公司更成功。究竟是爲什麼呢？片刻之後，我恍然大悟：銀行不會貸款給不賺錢的公司，因此它們會自動落在未負債那一組。換句話說，負債企業的破產速度比未負債的企業快。一旦公司無法支付利息，銀行接管所有權後即拋售公司，所以它們當然不會出現在研究中。而留下來的負債公司，體質相對地比較健康。相反地，沒有負債的公司擁有較堅強的經濟後盾，不會這麼快破產，因此，不管處境如何艱難，它們仍會是研究的一部分。

如果你現在心想：「好吧，我了解了。」那麼要小心，治療意向錯誤不是那麼顯而易見。舉一個虛構的醫學例子：Novirus 製藥公司開發出一種預防心臟病的新藥，研究「證明」這種藥物可以明顯降低心臟患者的死亡率。數據顯示，定時服用此藥品的病患，五年死亡率為一五%。雖然與服用無效安慰劑病患的死亡率並無差異，但最重要的是，不定時服用此新藥品的患者死亡率為三〇%，整整高出一倍！定時與不定時服用的效果差異極大，因此，此藥品十分有效。真的是這樣嗎？

遺憾的是，決定性的因素也許不是藥品，而是病患的行為。或許患者因為嚴重的副作用而停止服用此藥物，因此被列入「未定時服用」類別；也許他們病得十分嚴重，根本無法定時服用。總之，「經常使用」組的患者身體相對健康，這使此具爭議性的藥品看起來比實際更有效。

在嚴謹的研究報告中，會將接受最初意圖治療（意向治療）的所有病患數據都納入評估，不論最後他們是否參加試驗。可惜許多研究忽略這項規則，至於這是故意或無心，我們便不得而知了。所以，不管研究對象是肇事駕駛員、破產企業或重症病患，請立即檢查他們是否基於某些因素而未被納入樣本。倘若如此，請把這份研究丟進垃圾桶。

52 News-Illusion

新聞錯覺

為什麼不該閱讀新聞

蘇門答臘發生地震、飛機墜毀在俄羅斯、有人把女兒關在地窖裡三十年、海蒂・克隆（Heidi Klum）與席爾（Seal）離婚、德意志銀行（Deutsche Bank）的最高工資紀錄、巴基斯坦的暗殺事件、馬利總統辭職、新的鉛球世界紀錄……我們必須知道這些事嗎？

我們資訊充足，但所知甚少。爲什麼呢？因爲我們在兩百年前發明了一種有毒的知識形式，即網羅全世界消息的「新聞」。新聞之於心智，猶如糖之於身體。新聞讓人胃口大開，易於消化，但長期下來卻極具破壞力。

三年前，我開始進行一個實驗，決定不再接收任何新聞。我暫停訂閱所有的報紙和雜誌、丟掉電視與收音機、刪除 iPhone 中的新聞 app、我不再索取免費報紙。飛機上，前方有人翻開報紙時，我會刻意別過臉，看向別處。剛開始的幾個星期很難過、很辛苦，我不斷擔心自己會錯失什麼東西。但經過一段時間後，我感覺自己彷彿重獲新生。三年後，我的成果是：思路更加清晰、見解更獨到、決策更正確、擁有更多的時間，最重要的是，我完全沒有錯失任何重要的訊息。我的社交網絡不是 Facebook，而是來自擁有血肉之軀的眞正朋友與熟人，他們就像新聞過濾器。

遠離新聞有許多理由，下面是前三名。首先，我們的大腦對於駭人聽聞、令人震驚、攸關個人、轟動、瞬息萬變的刺激，會產生高度異常的反應；而對抽象、複雜且有意義的刺激，反應則異常地微弱。新聞製造者充分利用這個特性，像是精彩的故事、醒目的照片，以及轟動一時的「事實」，緊緊抓住我們的注意力。商業模式的運作正是如此：只有當買主確定廣告會被讀者看到時，才會在「新聞馬戲團」上花錢。其結果是：**智慧性、複雜和抽象的消息與背景資料，被有系統地淡化處理**，即使這類內容對我們理解生活和世界更爲重要。這樣新聞消費的結果是，我們的大腦帶著一張錯誤的風險地圖四處走動。新聞消費者完全錯誤地權衡問題，他們在報章上看到的風險，並不是眞正的風險。

第二，新聞是不重要的。在過去十二個月內，你可能每天吞噬約三十則消息，總計吞噬了約一萬筆簡短的新聞。請老實回答：可否舉出任何一則新聞，因爲它，而讓你做出對你的生活、你的事業、你的企業更正確的決策？我問過的人中，沒有人能夠從這一萬則新聞中挑出兩則以上的新聞。這個實用性比例低得慘不忍睹。新聞機構希望讓你相信，它們能爲你創造競爭優勢。許多人落入這個陷阱。在現實中，新聞消費不會提升競爭力，反而使你的競爭力處於劣勢。如果新聞消費眞的能夠讓人獲得提升，那麼記者早就穩坐收入金字塔的頂端。但事實卻與此相反。

第三，浪費時間。每人平均每週有半天的時間在收看新聞，若以全球性統計，損失的生產力無法估量。以二〇〇八年發生在孟買的恐怖攻擊爲例，恐怖分子爲了報復，冷酷地殺害兩百人。試想一下，平均每小時有十億人同時在收看孟買的不幸事件：你持續地關注這則新聞，並看著一些「專家」和「評論家」上電視，喋喋不休地發表自己的意見。這個預估十分合理，因爲光印度人口就超過十億人，但我們還是保守一點估計，一小時中有十億人分心，就有十億個小時注意力被分散。換算一下：新聞消費摧毀了約兩千條人命，這是被謀殺人數的十倍以上。這個思考相當諷刺，卻切合實際。

放棄閱聽新聞，與擺脫我所選出的一百個思考與行動錯誤，效果是一致的。你害怕因爲不看新聞而被團體排擠嗎？好吧！也許你不知道西伯利亞有架飛機墜毀，但你了解更深層且往往無形的世界脈絡。你可以與別人分享，不要害怕談論你的新聞減肥計畫，別人會著迷般地聆聽。總之，必須徹底執行「拒絕新聞消費」的計畫，你可以閱讀深入探討背景的文章及書籍。是的，**想要了解世界，沒有什麼比得上書**。

參考書目

思考與行動錯誤的研究不勝枚舉，本書僅侷限於最重要的引述、專業性參考書目、閱讀建議及意見。引述將保留原文。本書中集結的所有知識，則以過去三十年認知心理學及社會心理學領域的研究為基礎。

理由的正當性

- Sedivy, Julie; Carlson, Greg: *Sold on Language. How Advertisers Talk to You and What This Says About You*, Wiley 2011: 88-89.
- Goldman, Barry: *The Science of Settlement: Ideas for Negotiators*, ALI-ABA 2008: 50.
- Goldstein, Noah; Martin, Steve; Cialdini, Robert: *Yes! - 50 Scientifically Proven Ways to Be Persuasive*, Free Press 2008: 151.

決策疲勞

- Baumeister, Roy: *Willpower*, Penguin Press 2010.
- 有關法官的判決請見：Danzigera, Shai et al.: "Extraneous factors in judicial decisions", *Proceedings of the National Academy of Science*, 25.02.2011。

- Baumeister, Roy: "Ego Depletion and Self-Control Failure: An Energy Model of the Self's Executive Function". *Self and Identity* 1, 2002: 129-136.
- Loewenstein, George; Read, Daniel; Baumeister, Roy: *Time and Decision: Economic and Psychological Perspectives on Intertemporal Choice*, Russell Sage Foundation 2003: 208.
- 消費者逛完整間超市後，已呈現決策疲勞的狀態。超市善用這項特性，將衝動性產品（口香糖、糖果）擺在收銀台旁：決策馬拉松的終點。相關論述請見：Tierney, John: "Do You Suffer From Decision Fatigue?", *New York Times Magazine*, 21.08.2011。

傳染性偏見

- 傳染性偏見亦稱爲「傳染性捷思法（Contagion Heuristic）」。
- 簡單來說，意指「一旦染上，就再也無法擺脫」。
- Gilovich, Thomas; Griffin, Dale; Kahneman, Daniel: *Heuristics and Biases: The Psychology of Intuitive Judgment*, Cambridge UP 2002: 212.
- 另請參閱英文維基百科「Peace and Truce of God」。
- Daileader, Philip: *The High Middle Ages*, lecture 3, beginning at ~26:30, Course No. 869, The Teaching Company, 2001.
- 飛鏢與甘迺迪及希特勒的範例源自：Gilovich, Thomas; Griffin, Dale; Kahneman, Daniel: *Heuristics and Biases: The Psychology of Intuitive Judgment*, Cambridge UP 2002: 205。文章的作者（羅津和卡羅爾・內門羅夫〔Carol Nemeroff〕）並未使用「傳染性」（Contagion），而是「相似律」（Law of Similarity）。我在這個例子中加入傳染性捷思法，因爲廣義上它較具吸引力。
- 母親的照片：標靶上未貼照片控制組的準確度較高。人們的行爲說明，彷彿射中照片也具有傷害眞人的神奇力量。在一個類似的實驗中，標靶上貼著約翰・甘迺迪（John F. Kennedy）或希特勒的照片。雖然所有的學生試著射中靶心，但是面對甘迺迪照片的學生，射中率還是明顯偏低。

- 我們不願意搬進最近有人去世的房子、公寓或房間裡。公司喜愛搬進成功企業（例如谷歌）的舊辦公室。
- 計算每一次呼吸的分子數：大氣的分子量約爲10^{44}。大氣總體積爲$5,1 \times 10^{18}$公斤。海平面的空氣密度約爲1.2 kg/m^3。依據阿伏伽德羅常數，一立方公尺空氣的分子數約$2,7 \times 10^{25}$。一公升約$2,7 \times 10^{22}$個分子。我們每分鐘平均呼吸七公升（每一次呼吸約一公升）或每一年三七〇〇立方公尺。海珊一生中「呼吸」二十六萬立方公尺的空氣體積。假設其中一〇%爲重複吸入量，那麼空氣中受到「海珊汙染」的空氣體積剩下二十三萬立方公尺。$6,2 \times 10^{30}$的分子量會經過海珊的肺部，也就是等於散落在空氣中的量。這些分子在空氣中的濃度爲$6,2 \times 10^{14}$。也就是每次呼吸中遭受「海珊汙染」的分子量爲十七億。
- 請參閱：Nemeroff, C.; Rozin, P.: "The makings of the magical mind: The nature of function of sympathetic magic". In: Rosengren, K. S.; Johnson, C. N.; Harris, P. L. (Hg.): *Imagining the impossible: Magical, scientific, and religious thinking in children*, Cambridge UP 2000: 1-34。

平均的問題

- 瑞士與德國的中位數的財產請見德國焦點週報（Focus）網頁：http://www.focus.de/finanzen/banken/tid-7321/vermoegen_aid_131734.html。

誘因排擠

- Frey, Bruno S.: "Die Grenzen ökonomischer Anreize". *Neue Zürcher Zeitung*, 18.05.2001.
- 本篇報告提供非常清楚的概述：Frey, Bruno S.; Jegen, Reto: "Motivation Crowding Theory: A Survey of Empirical

Evidence". *Journal of Economic Surveys* 15（5）, 2001: 589-611。

- Levitt, Steven D.; Dubner, Stephen J.: *Freakonomics*, HarperCollins 2009: Chapter 1.
- Brafman, Ori; Brafman, Rom: *Sway, The Irresistible Pull of Irrational Behavior*, Crown Business 2008: Chapter 7.
- Eisenberger, R. et al.: "Does pay for performance increase or decrease perceived self-determination and intrinsic motivation?". *Journal of Personality and Social Psychology* 77（5）, 1999: 1026-1040.
- 托兒所的例子：遺憾的是，這種關係已成爲一種金錢關係，而當初的懲罰性目的也消失殆盡。金錢制度終於取代了內在動機。
- 誘因排擠的例子不勝枚舉，科學文獻也十分完整。在這裡隨意舉個例子：「每年，學生會在預定的一天，挨家挨戶爲癌症研究協會、幫助殘疾兒童等募款。參與這些活動的學生通常會受到家長、老師和其他人較高的社會認可，這也是他們主動參與這些活動的主要原因。當學生取得募集金額的一%，募集的款項就會減少三六%。（Fehr, E. and Falk, A. Psychological Foundations of Incentives, Center for Economic Studies & Ifo Institute for Economic Research, 2002）

威爾．羅傑斯現象

- 本文提及的腫瘤診斷分期遷移範例並不完整。由於第一期病例太多，醫生遂調整各期之間的界限：第一期中情況最糟的患者被歸入第二期；第二期情況最糟的患者被歸入第三期；而第三期情況最糟的患者被歸入第四期。每一期新增加的病患延長該期的平均存活率。其結果是：沒有一個病人活得更久。表面來看，治療成果似乎進步了，然而，這一切都拜愈來愈精密的診斷方法所致。
- Feinstein, A. R.; Sosin, D. M.; Wells, C. K.: "The Will Rogers phenomenon. Stage migration and new diagnostic techniques as a source of misleading statistics for survival in cancer". *The New England Journal of Medicine* 312 (25), 1985: 1604-1608.

• 其他例子請見以下精采之作：Hans-Hermann Dubben und Hans-Peter Beck-Bornholdt: *Der Hund, der Eier legt*, Rowohlt 2006: 234-235。

資訊偏差

• "To bankrupt a fool, give him information." - In Taleb, Nassim: *The Bed of Procrustes*, Random House 2010: 4.

群聚錯覺

• Gilovich, Thomas: *How we know what isn't so: The fallibility of human reason in everyday life*, Free Press 1991.
• Kahneman, Daniel; Tversky, Amos: "Subjective probability: A judgment of representativeness". *Cognitive Psychology* 3, 1972: 430-454.
• 這份報告之所以引發爭議，在於它摧殘許多運動員與體育評論員堅信的「手感」（hot hand），即幸福波動（happiness wave）的信念：Gilovich, Thomas; Vallone, Robert; Tversky, Amos: "The hot hand in basketball: On the misperception of random sequences". *Cognitive Psychology* 17, 1985: 295-314。
• 吐司出現聖母馬利亞臉孔的故事：http://news.bbc.co.uk/2/hi/4034787.stm。
• 群聚錯覺已存在數百年，早在十八世紀，蘇格蘭哲學家大衛・休謨（David Hume）在其《宗教自然史》（*The Natural History of Religion*）一書中曾提及：「我們在月亮中看到臉孔，在雲中看到軍隊。」
• 其他例子請見英文維基百科的「Perceptions of religious imagery in natural phenomena」。例如：「修女小圓麵包」（Nun Bun）是一個出現德蕾莎修女鼻子和下巴的肉桂麵包捲，於一九九六年的一家納什維爾咖啡館發現，但在二〇〇五年的聖誕節被偷走。「地下通道的聖母像」（Our Lady of the Underpass）是另一個聖母馬利亞顯靈的例子。二〇〇五年，在芝加哥九十四號州際公路上發現鹽斑所形成的馬利亞外觀，吸引了大批民眾駐留，交通因此中斷長達數月。其他的例子包括熱巧克力杯的耶穌、蝦尾上的耶穌、牙科X光的耶穌、Cheesus（據稱是一個形狀像耶穌的奇多餅乾）。*Seattle Times* 22.05.1997: "Mother Teresa Not Amused"。

- 臉孔相似性被稱之爲幻想性錯視（Pareidolie）。我們在時鐘裡、車頭、月亮，到處都看得到臉孔。大腦在不同地點處理不同物體，一旦發現一個看起來像臉孔的物體，大腦就會將它視爲臉孔，辨識其他非臉孔狀的物體時，大腦的判斷則截然不同。
- 順帶一提，我不明白人們如何認出耶穌（或者聖母）的臉孔。沒有人知道耶穌的眞實面目，他生前並未留下圖片。

勞力辯證

- Aronson, E.; Mills, J.: "The effect of severity of initiation on liking for a group". *Journal of Abnormal and Social Psychology* 59, 1959: 177-181.
- Norton, Michael I.: "The IKEA Effect: When Labor Leads to Love". *Harvard Business Review* 87 (2), 2009: 30.
- Norton, Michael I.; Mochon, Daniel; Ariely, Dan: "The IKEA effect: When labor leads to love". *Journal of Consumer Psychology* 21 (4), 09.09.2011.

小數法則

- 康納曼在二〇一一年出版的《快思慢想》中提供了一個十分貼切的例子，請見一〇九頁以下。零售連鎖店失竊率例子與康納曼的範例高度類似。

期待

- 我們不在文中討論不對稱性。超過心理預期的股票，平均上升一%。低於預期的股票平均下跌三・四%（請參閱 Zweig, Jason: *Your Money and Your Brain*, Simon and Schuster 2007: 181）。
- Rosenthal, Robert; Jacobson, Lenore: *Pygmalion in the classroom*, Irvington Publ. 1992.
- Feldman, Robert S.; Prohaska, Thomas: "The student as Pygmalion: Effect of student expectation on the teacher". *Journal of Educational Psychology* 71 (4), 1979: 485-493.

簡單的邏輯

- Frederick, Shane: "Cognitive Reflection and Decision Making". *Journal of Economic Perspectives* 19 (4), 2005: 25-42.
- Shenhav, Amitai; Rand, David G.; Greene, Joshua D.: "Divine intuition: Cognitive style influences belief in God". *Journal of Experimental Psychology* 19. 09. 2011.

福勒效應

- 福勒效應也被稱爲巴納姆效應。馬戲團團長費尼爾司・巴納姆（Phineas Barnum）以「滿足每個人的需求」格言設計節目。
- Dickson, D. H.; Kelly, I. W.: "The 'Barnum Effect' in Personality Assessment: A Review of the Literature". *Psychological Reports* 57, 1985: 367-382.
- Forer, B. R.: "The fallacy of personal validation: A classroom demonstration of gullibility". *Journal of Abnormal and Social Psychology* 44 (1), 1949: 118-123.

• 懷疑論者字典（Skeptic's Dictionary）也提供了詳盡的解釋：http://www.skepdic.com/forer.html。

志工的愚蠢

• 沒有一篇文章（當時刊登在報紙的專欄上）得到這麼多的讀者回應。有位讀者表示，鳥屋最好不要由當地的木匠製造，而是交由中國製造。如果減去物流過程對生態造成的損害，這位讀者說的十分正確。重點是：志工的愚蠢就是大衛・李嘉圖（David Ricardo）提出的相對優勢法則（law of comparative advantage）。
• Knox, Trevor M.: "The volunteer's folly and socio-economic man: some thoughts on altruism, rationality, and community". *Journal of Socio-Economics* 28(4), 1999: 475.

情意的捷徑

• Kahneman, Daniel: *Thinking, Fast and Slow*, Macmillan 2011: 139-142.
• Winkielman, P.; Zajonc, R. B.; Schwarz, N.: "Subliminal affective priming attributional interventions". *Cognition and Emotion* 11(4), 1997: 433-465.
• Hirshleifer, David; Shumway, Tyler: "Good Day Sunshine: Stock Returns and the Weather". *Journal of Finance* 58(3), 2003: 1009-1032.

內省錯覺

• Schulz, Kathryn: *Being Wrong*, Ecco 2010: 104-106.
• Gilovich, Thomas; Epley, Nicholas; Hanko, Karlene: "Shallow Thoughts About the Self: The Automatic Components of Self-Assessment". In: Alicke, Mark D.; Dunning, David A.; Krueger, Joachim I.: *The Self in Social Judgment. Studies in Self and*

Identity, 2005.

- Nisbett, Richard E.; Wilson, Timothy D.: "Telling more than we can know: Verbal reports on mental processes". *Psychological Review* 84, 1977: 231-259. Reprinted in: Hamilton, David Lewis(Hg.): *Social cognition: key readings*, 2005.

無法關上機會之門

- Ariely, Dan: *Predictably Irrational*, HarperCollins 2008: Chapter 9, "Keeping Doors Open".
- Edmundson, Mark: "Dwelling in Possibilities". *The Chronicle of Higher Education*, 14.04.2008.

嗜新狂

- Taleb, Nassim: *Antifragile*（此手稿尚未發表）。

睡眠效應

- 霍夫蘭的研究以宣傳影片「我們為何而戰」（*Why We Fight*）為基礎。該影片可見YouTube。
- 另請參閱：Cook, Gareth: "TV's Sleeper Effect. Misinformation on Television Gains Power over Time". *Boston Globe*, 30.10.2011。
- Jensen, J. D. et al.: "Narrative persuasion and the sleeper effect: Further evidence that fictional narratives are more persuasive over time". Paper presented at the 95th annual meeting of the National Communication Association, Chicago, IL., November 2009.
- Kumkale, G. T.; Albarracín, D.: "The Sleeper Effect in Persuasion: A Meta-Analytic Review". *Psychological Bulletin* 130(1), 2004: 143-172.
- Mazursky, D.; Schul, Y.: "The Effects of Advertisement Encoding on the Failure to Discount Information: Implications for the

Sleeper Effect". *Journal of Consumer Research* 15 (1), 1988: 24-36.

- Lariscy, R. A. W.; Tinkham, S. F.: "The Sleeper Effect and Negative Political Advertising". *Journal of Advertising* 28 (4), 1999: 13-30.

社會比較偏差

- Garcia, Stephen M.; Song, Hyunjin; Tesser, Abraham: "Tainted recommendations: The social comparison bias". *Organizational Behavior and Human Decision Processes* 113(2), 2010: 97-101.
- B咖雇用C咖等。請觀賞YouTube上的精彩影片：川崎的創業藝術（*The Art of the Start*）。
- 這個傾向也出現在孩子選擇同學上，強勢的一方通常會選擇較弱的人當朋友。
- 順道一提，有些作者會互相吹捧，例如尼爾・弗格森（Niall Ferguson）和伊恩・莫里斯（Ian Morris）不斷地相互推薦對方爲「最偉大的歷史學家」。太聰明了。這的確是一門稀有但高深的學問。

首因效應與時近效應

- 首因效應：心理學家所羅門・艾許（Solomon Asch）於一九四〇年代進行科學性研究。他同時也是本書中所提「亞蘭和班」例子的作者。

- Asch, Solomon E.: "Forming impressions of personality". *Journal of Abnormal and Social Psychology* 41, 1946: 258-290.
- Kahneman, Daniel: *Thinking, Fast and Slow*, Macmillan 2011: 82-83.
- 基於另一個原因，電影上映前的最後一個廣告價格是最昂貴的，因爲所有觀眾都已入座，廣告的接收度最高。

- Glenberg, A. M. et al.: "A two-process account of long-term serial position effects". *Journal of Experimental Psychology: Human*

Learning and Memory 6, 1980: 355-369.

- Howard, M. W.; Kahana, M.: "Contextual variability and serial position effects in free recall". *Journal of Experimental Psychology: Learning, Memory and Cognition*, 24(4), 1999: 923-941.

放血效應

- 請參閱英文維基百科「Bloodletting」。
- Seigworth, Gilbert: "Bloodletting Over the Centuries". *The New York State Journal of Medicine*, December 1980: 2022-2028.

非我發明症候群

- Katz, Ralph; Allen, Thomas J.: "Investigating the Not Invented Here(NIH) Syndrome: a look at the performance, tenure and communication patterns of 50 R&D project groups". *R&D Management* 12, 1982: 7-19.
- 二〇〇一年，喬耳・史波斯基（Joel Spolsky）寫了一篇有關非我發明症候群的有趣部落格文章，名爲「捍衛非我發明症候群」（In Defense of Not-Invented-Here-Syndrome）。他的理論是：世界級的團隊不應依賴其他團隊或公司的研發，如果涉及自己產品的核心，就應該完全自行設計，如此一來可以減少依賴性並確保最高品質。

黑天鵝效應

- Taleb, Nassim: *The Black Swan*, Random House 2007.

領域依賴性

- 「領域依賴性是指一個人的行爲方式會依所在的環境（例如健身房）而不同。」Taleb, Nassim: *The Bed of Procrustes*, Random House 2010: 74。
- 其中的一段短語：「在我心中，領域依賴性的最好例子，就是日前旅遊巴黎的親身經驗：在一家法國餐廳吃午餐時，我的朋友們吃了鮭魚，但把魚皮扔掉；在晚宴上的壽司吧，同一群朋友們吃了魚皮，但扔掉鮭魚。」出處同上，頁七六。
- 塔雷伯在他未出版的著作《抗脆弱性》中舉了一個關於領域依賴性的絕佳例子：「我曾在人造城市杜拜的某間酒店車道出口，看見一個令人難忘的領域依賴性情景。有一個像銀行家的人（因爲我對他們過敏，所以一看就可以認出），請服務生幫忙搬運行李。大約十五分鐘後，我又看到這位銀行家在健身房使用重量訓練器材鍛鍊身體，試圖模仿自然的動作，好似他正揮舞著一個手提箱。」
- 警察家庭的家暴發生率，比一般家庭高出二到四倍，請見：
- Neidig, P. H.; Russell, H. E.; Seng, A. F.: "Interspousal aggression in law enforcement families: A preliminary investigation". *Police Studies* 15(1) 1992: 30-38。
- Lott, L. D.: "Deadly secrets: Violence in the police family". *FBI Law Enforcement Bulletin*, November 1995: 12-16.
- 馬可維茲的例子請見：Zweig, Jason: *Your Money and Your Brain*, Simon and Schuster 2007: 4。
- 波比・班思曼（Bobbi Bensman）的例子請見：Zweig, Jason: *Your Money and Your Brain*, Simon and Schuster 2007: 127。
- 領域特殊性與大腦的模組化結構有關，你的雙手十分靈活（例如鋼琴家），並不代表你的雙腳也同樣靈活（例如足球員）。這兩個大腦區域都位於「運動皮質區」，但位置不同，且相去甚遠。

假共識效應

- Gilovich, Thomas; Griffin, Dale; Kahneman, Daniel: *Heuristics and Biases: The Psychology of Intuitive Judgment*, Cambridge UP 2002: 642.
- 招牌的例子請見：Ross, L.; Greene, D.; House, P.: "The False Consensus Effect: An egocentric bias in social perception and attribution processes". *Journal of Personality and Social Psychology*, 13, 1977: 279-301.
- 這個效應與其他思考錯誤相重疊。因此例如現成偏誤（Availability Bias）會導致假共識效應。有人仔細思考問題後，很容易就得出結論。他會錯誤地以爲，其他人也很容易獲得結論。
- 激勵偏誤（Incentive Bias）也會影響假共識效應。當某人堅定地爲某事辯護時，會自以爲許多人（甚至多數）正共享他的信念，而不是對牛彈琴。
- 假共識效應也被稱爲「素樸實在論」（Naive Realism）：人們相信自己的立場已經過深思熟慮，那些不同意此觀點的人，只要有足夠的思考並秉持開放的態度，就能夠獲知眞相。
- Bauman, Kathleen P.; Geher, Glenn: "We think you agree: The detrimental impact of the false consensus effect on behavior". *Current Psychology* 21 (4), 2002: 293-318.

歷史修正

- 馬庫斯的例子請見 Schulz, Kathryn: Being Wrong, Ecco 2010: 185。
- 閃光燈記憶：出處同上，頁一七至七三。
- 柏林大學犯罪學教授弗朗茨・馮・李斯特（Franz von Liszt）於一九〇二年指出，法院上最有力證人的陳述，內容至少有四分之一是錯誤的。出處同上，頁二二三。

圈內圈外偏見

- 「生命的本質就是競爭，而團體的競爭能力肯定勝於個人。隱密向度指的是個人通常無法對抗團體。因此，一旦在任何地方有群體的存在，其他人都必須加入一個團體。即便只爲了自我保護。」（Baumeister, Roy: *The Cultural Animal*, Oxford UP 2005: 377.）
- 「擬親屬關係」（Pseudo-Kinship）或（Pseudo-Verwandtschaft）」請見：Sapolsky, Robert: "A Bozo of Baboon"，Talk auf Edge.org。
- Tajfel, Henri: "Experiments in intergroup discrimination". *Scientific American* 223, 1970: 96-102.

對模糊的無法容忍度

- 芝加哥大學教授法蘭克・奈特（Frank Knight, 1885-1972）首先區分風險與不確定性，詳細內容請見：Knight, F. H.: *Risk, Uncertainty, and Profit*, Houghton Mifflin 1921。
- 艾斯伯格的矛盾實際上更加複雜。詳細解釋請參考維基百科的說明。
- 是的，我們咒罵不確定性，但它也有積極的一面。假設你身處一個獨裁政權，並希望通過事前審查，你就可以善用模糊性這個工具。

預設值效應

- Johnson, Eric; Goldstein, Daniel: "Do Defaults Save Lives?". *Science* 302 (5649), 21.11.2003: 1338-1339.
- Sunstein, Cass; Thaler, Richard: *Nudge: Improving Decisions about Health, Wealth, and Happiness*, Yale UP 2008.
- Kahneman, Daniel: *Thinking, Fast and Slow*, Macmillan 2011: 304-305.

對懊悔的恐懼

- Kahneman, Daniel: *Thinking, Fast and Slow*, Macmillan 2011: 346-348.
- 關於商家的減價出清，請參閱：Statman, Meir: "Hedging Currencies with Hindsight and Regret". *Journal of Investing Summer*, Vol. 14, No. 2, 2005:15-19。
- 對懊悔的恐懼的例子請見："'A Fear of Regret Has Always Been My Inspiration': Maurizio Cattelan on His Guggenheim Survey". *Blouin ArtInfo*, 02.11.2011。
- 比起每分鐘就有一個猶太人被抓去奧斯威辛（Auschwitz），我們會給予安妮．法蘭克（Anne Frank）比同齡女孩更多的同情。相較於其他逮捕行動，法蘭克的故事屬於例外情形。

顯著性效果

- Baumeister, Roy: *The Cultural Animal*, Oxford UP 2005: 211.
- De Bondt, Werner F. M.; Thaler, Richard H.: "Do Analysts Overreact?" In: Gilovich, Thomas; Griffin, Dale; Kahneman, Daniel: Heuristics and Biases: *The Psychology of Intuitive Judgment*, Cambridge UP 2002: 678-679.
- Plous, Scott: *The Psychology of Judgment and Decision Making*, McGraw-Hill 1993: 126.
- 顯著性效果與現成偏誤相類似。在這兩種效果中，易接收的訊息被賦予過度的解釋力，或其會導致不相稱的行為動機。

私房錢效應

- Sunstein, Cass; Thaler, Richard: *Nudge: Improving Decisions about Health, Wealth, and Happiness*, Yale UP 2008: 54-55.

• Bernstein, Peter L.: *Against the Gods*, Wiley 1998: 274-275.

• Carrie M. Heilman et al.: "Pleasant Surprises". *Journal of Marketing Research*, Mai 2002: 242-252.

• Henderson, Pamela W.; Peterson, Robert A.: "Mental Accounting and Categorization". *OBHDP*, 1992: 92-117.

• 私房錢效應也會出現在國家推行的政策上。布希（Bush）總統於二〇〇一年實施「稅制改革」，每個美國納稅人因此獲得六百美金。與將這筆錢視為己有的公民相較，將這筆錢視為國家禮物的國民，在使用此筆款項時，反而會支出高於此三倍之多的金額。因此，可以利用稅收抵免來刺激經濟成長。

拖延症

• Zweig, Jason: *Your Money and Your Brain*, Simon and Schuster 2007: 253, 262.

• Baumeister, Roy; Vohs, Kathleen: *Handbook of Self-Regulation*, The Guilford Press 2004.

• Ariely, Dan; Wertenbroch, Klaus: "Procrastination, Deadlines, and Performance: Self-Control by Precommitment". *Psychological Science* 13(3) 2002: 219-224.

嫉妒

• 嫉妒是天主教教會七宗罪之一。《創世記》記載，該隱（Cain）因嫉妒而殺了自己的弟弟亞伯（Abel），因為上帝喜歡亞伯的貢物。這是聖經中的第一次謀殺。

• 另一個最絢麗的嫉妒故事，就是「白雪公主」。故事中的繼母嫉妒女兒的美貌，她先指派職業殺手謀害白雪公主，但該名殺手未能完成任務。白雪公主逃到森林裡的七個小矮人家。失敗的委託經驗迫使繼母親自下手。因此，她想出下毒來害死白雪公主的方法。

• Munger: "The idea of caring that someone is making money faster than you are is one of the deadly sins. Envy is a really stupid sin because it's the one you could never possibly have any fun at. There's a lot of pain and no fun. Why would you want to get on that trolley? " In Munger, Charles T.: *Poor Charlie's Almanack*, Donning 2008: 431.

- 當然，嫉妒不是只有惡意，也有善意的，例如祖父嫉妒他孫子的青春，但這並不是妒意，而是祖父希望重返年輕及無憂無慮的時期。

擬人化

- Small, Deborah A.; Loewenstein, George; Slovic, Paul: "Sympathy and callousness: The impact of deliberative thought on donations to identifiable and statistical victims". *Organizational Behavior and Human Decision Processes* 102(2): 143-153.

「那殺不死我的，將使我更強壯」的謬論

- Markus, Gregory: "Stability and Change in Political Attitudes: Observe, Recall and Explain". *Political Behavior* 8(1986): 21-44.

注意力錯覺

- Chabris, Christopher; Simons, Daniel: *The Invisible Gorilla - and other ways our intuition deceives us*, Crown Archetype 2010: "Introduction" and 1-42.
- Zum Fahren im betrunkenen Zustand siehe Redelmeier, D. A.; Tibishirani, R. J.: "Association Between Cellular-Telephone Calls and Motor Vehicle Collisions", *New England Journal of Medicine*, 336 （1997）.
- 以及 Strayer, D. L.; Drews, F. A.; Crouch, D. J.: "Comparing the Cell-Phone Driver and the Drunk Driver", *Human Factors* 48(2006): 381-391。
- 如果你開車時並未撥打電話，而是與乘客聊天呢？針對這一點，研究並未發現任何負面影響。首先，當面聊

天會比透過手機更容易理解內容，也就是說，你的大腦不需太努力即可解碼信號。第二，你的乘客知道在危險時要中斷談話，這意味著，你完全不覺得被迫繼續交談。第三，你的乘客提供一雙額外的眼睛，也就是說，他會告知你危險的情況。

策略性不實陳述

- Flyvbjerg, Bent: *Megaprojects and Risk: An Anatomy of Ambition*, Cambridge UP 2003.
- Jones, L. R.; Euske, K. J.: "Strategic Misrepresentation in Budgeting". *Journal of Public Administration Research and Theory*, J-Part, October 1991: 437-460.
- 「在網路約會中，男性傾向虛構個人的資產、關係目標、個人興趣和人格特質，而女性則傾向虛報體重。」Hall, Jeffrey A. et al.: "Strategic Misrepresentation in Online Dating ". *Journal of Social and Personal Relationships* 27(1): 117-135.

顧慮太多

- Lehrer, Jonah: *How We Decide*, Houghton Mifflin 2009: 133-140.
- 早在兩千五年前，西方哲學就已經教導我們：思考能增長智慧。但實際情況並非總是如此。希臘人對此當然心中有數，這在狐狸與貓的寓言中可見一斑。請參考英文維基百科的「The Fox and the Cat」。
- Masur, Barry C.: *The Problem of Thinking Too Much*, Stanford-Papers 2004.
- 在西洋棋界最著名的是科多夫併發症（Kotow-Syndrom）：玩家因爲思考太多走法，躊躇未決，結果在時間的壓力下犯下菜鳥錯誤。

規畫謬論

- Buehler, Roger; Griffin, Dale; Ross, Michael: "Inside the Planning Fallacy: The Causes and Consequences of Optimistic Time Predictions". In: Gilovich, Thomas; Griffin, Dale; Kahneman, Daniel: *Heuristics and Biases: The Psychology of Intuitive Judgment*, Cambridge UP 2002: 250.
- Taleb, Nassim: *The Black Swan*, Random House 2007: 130.
- 塞繆爾・詹森（Samuel Johnson）寫道：第二次結婚的人，代表「勝利的希望戰勝了經驗」。在制訂計畫時，我們都是結婚多次的人。
- 霍夫斯達特定律（Hofstadter's Law）：「即便你考量到霍夫斯達特定律，需要的時間總是比預期的長。」（Hofstadter, Douglas: *Gödel, Escher, Bach: An Eternal Golden Braid*, Basic Books 1999: 152）
- 規畫謬誤與過度自信（Overconfidence）相同。在過度自信上，我們相信自己的能力高於眞實情況。在規畫謬誤時，我們則相信自己預測時間和預算的能力優於實際狀況。這兩種情況都涉及：我們相信自己的預測錯誤率（無論有關一般的目標實現或者一般的時間預測）低於實際情況。也就是說，我們在時間預測上會出錯，卻堅信這是非常罕見的情形。
- "Premortem", beschrieben in: Kahneman, Daniel: *Thinking, Fast and Slow*, Macmillan 2011: 264.
- 傅萊傑格（牛津大學出版社）對於大型計畫的研究，無人能出其右。他的結論是：「未認眞看待，甚或忽視類似計畫的這種普遍趨勢，也許是規畫謬誤的最重要原因。」（Kahneman, Daniel: *Thinking, Fast and Slow*, Macmillan 2011: 251）
- 在軍事的規畫謬誤上：「紙上談兵不及臨陣對敵。」
- 在不需動用資料庫中的類似計畫下，有一個避免規畫謬誤的極佳方式：「你可以請其他人重新審視你的想法，並對該計畫提出預測。要預測的不是他們執行這些想法的時間（因爲他們也可能會低估自己的時間和成本），而是你（或你的承辦商、員工等）需要多少時間。」（Chabris, Christopher; Simons, Daniel: *The Invisible Gorilla*, Crown Archetype 2010: 127.）

專業曲解

- Munger, Charles T.: *Poor Charlie's Almanack*, Donning 2008: 452, 483.

蔡加尼克效應

- Baumeister, Roy: *Willpower*, Penguin Press 2010: 80-82.
- 我們不知道留在餐廳的是圍巾或其他東西，我們也不知道是布魯瑪或其他人走回餐廳。這些內容是爲了文章流暢性而做的假設。

能力錯覺

- 巴菲特說：「從我自己的經驗與許多其他商業觀察後得出結論，良好的管理成績（以經濟效益來衡量）不只是你在這艘船上所擔任的職位，而是這艘船的整體效率（雖然智慧與努力在任何產業都會產生極大的效益，當然，這可能是正面或負面的）。幾年前，我寫道：『當一個才華卓越的經理管理一家經濟基礎面不佳的企業時，不變的是這間企業的名聲。』此後，我在這個問題上的觀點從未改變。」（Miles, Robert: *Warren Buffett Wealth*, Wiley 2004: 159.）
- Kahneman, Daniel: *Thinking, Fast and Slow*, Macmillan 2011: 204-221.

正面特點效應

- 吸菸者運動請見：Zhao, Guangzhi; Pechmann, Connie: "Regulatory Focus, Feature Positive Effect, and Message Framing". *Advances in Consumer Research* 33, 2006。
- 正面特點效應的研究綜述請見：Kardes, Frank; Sanbonmatsu, David; Herr, Paul: "Consumer Expertise and the Feature-positive Effect: Implications for Judgment and Inference". *Advances in Consumer Research* 17, 1990: 351-354。

撿櫻桃

- Burch, Druin: *Taking the Medicine: A Short History of Medicine's Beautiful Idea, and Our Difficulty Swallowing It*, Chatto and Windus 2009.
- 宗教上的撿櫻桃現象：人們只截取聖經中最適合自己的內容，而忽視其他部分。如果我們要完全遵照聖經的話語，舉例來說，就必須用石頭砸死不聽話的兒子與外遇的婦女（摩西五經，21-22），並處死同性戀者（摩西三經，20、13）。
- 預測的撿櫻桃現象：已經發生的預言會被得意洋洋地宣布，失準的預言則不會被「撿出來」。這一點請見《思考的藝術》中〈預測的錯覺〉。

單因謬誤

- 馬修斯的話引述自：Chabris, Christopher; Simons, Daniel: *The Invisible Gorilla - and other ways our intuition deceives us*, Crown Archetype 2010: 172。引述中的醒目提示係沿用原著。
- Leo Tolstoi: *Krieg und Frieden*, Insel Verlag 2001: 796.

- Tooby, John: "Nexus Causality, Moral Warfare, and Misattribution Arbitrage". In: Brockman, John: *This Will Make You Smarter*, Doubleday 2012: 34-35.

治療意向錯誤

- Dubben, Hans-Hermann; Beck-Bornholdt, Hans-Peter: *Der Hund, der Eier legt*, Rowohlt 2006: 238-239.

謝詞

我要感謝柯尼・葛畢斯托福（Koni Gebistorf）簡潔流暢的文筆，讓每一篇文章生動、有趣。我也要感謝盧佛納（Hans-Jürg [Schoscho] Rufener）對有意義的人生目標提供極富見解的討論。塔雷伯帶給我的腦力激盪無人可及（即便我們之間隔著大西洋），我們兩人之間日常有關理性思維與行動的對話，是我生命中的最重要時刻。對於領導傑出人才的社群機構 Zurich.Minds 的研究員，針對當前研究狀態有過無數次的討論，我要致上謝意。感謝翰澤爾出版社（Hanser Verlag）馬汀・揚尼克（Martin Janik）的高度專業。是的，我還要感激傑出的出版社所有人員：米歇爾・克呂格（Michael Krüger）、費利西塔斯・費郝爾（Felicitas Feilhauer）、赫爾曼・里德爾（Hermann Riedel）、加布里埃萊・喬希格（Gabriele Josiger）、瑪蒂娜・阿倫特（Martina Arendt）、安娜・馬克葛拉夫（Anna Markgraf），以及協助前置作業進行、付出心力的所有人，因爲他們，本書才得以成功。感謝超級經紀人約翰・布羅克曼（John Brockman）的協助，美國與英國版本才能順利出刊。若沒有眾人每週不辭辛勞地叮嚀，我個人的想法就不可能轉化成可閱讀的文字，思考與行為錯誤也不可能出版成書。謝謝法蘭克・施爾瑪赫（Frank Schirrmacher）博士在《法蘭克福彙報》為我開闢專欄、羅倫佐（Giovanni di Lorenzo）與米勒維爾特（Moritz Müller-Wirth）協助在《時代》刊載文章、馬汀・史匹勒（Martin Spieler）提供瑞士《週日報》的版面發表我的文章。我也要對負責書中插畫的藝術家艾爾・波丘與史泰勒致上謝意。感謝目光如鷹的塞巴斯蒂安・任斯培克（Sebastian Ramspeck）、巴爾茲・斯博里（Balz Spörri）與加比・施韋格勒（Gabi Schwegler）（皆隸屬《週日報》）、胡伯特・史匹格（Hubert Spiegel）博士（《法蘭克福彙報》）及米勒維爾特（《時代》）挑出內容錯誤與模糊之處，本書才得以付諸印刷。然而，龐雜的編輯過程裡難免會有疏漏之處，本人對此將負全責。最後要感謝的就是我的妻子薩比娜・里德（Sabine Ried）。因為她，我每一天才能生活在亞里斯多德所說的，由聰明思考與智慧行動所組成的「幸福的生活」中。

國家圖書館出版品預行編目資料

行爲的藝術：52個非受迫性行爲偏誤／魯爾夫・杜伯里（Rolf Dobelli）著；方秀芬譯. -- 初版.-- 臺北市：商周出版：家庭傳媒城邦分公司發行, 民102.6
面；　公分.
譯自：Die Kunst des klugen Handelns: 52 Irrwege die sie besser anderen überlassen

ISBN 978-986-272-380-7（平裝）

1. 思考　2. 行爲

176.4　　　102008777

行為的藝術

原文書名／Die Kunst des klugen Handelns
作　　者／魯爾夫・杜伯里 Rolf Dobelli
譯　　者／方秀芬
企畫選書／葉咨佑
責任編輯／葉咨佑、楊如玉、林宏濤

版　　權／林心紅
行銷業務／李衍逸、蘇魯屏
總 經 理／彭之琬
事業群總經理／黃淑貞
發 行 人／何飛鵬
法律顧問／元禾法律事務所　王子文律師
出　　版／商周出版
臺北市中山區民生東路二段141號9樓
電話：(02) 2500-7008　　傳眞：(02) 2500-7759
Blog: http://bwp25007008.pixnet.net/blog
E-mail：bwp.service@cite.com.tw
發　　行／英屬蓋曼群島商家庭傳媒股份有限公司城邦分公司
臺北市民生東路二段141號2樓
書虫客服專線：(02)2500-7718；2500-7719
24小時傳眞專線：(02)2500-1990；2500-1991
服務時間：週一至週五上午09:30-12:00；下午13:30-17:00
劃撥帳號：19863813　戶名：書虫股份有限公司
E-mail：service@readingclub.com.tw
歡迎光臨城邦讀書花園　網址：www.cite.com.tw
香港發行所／城邦（香港）出版集團有限公司
香港灣仔駱克道193號東超商業中心1樓
電話：(852) 25086231　傳眞：(852) 25789337
E-mail：hkcite@biznetvigator.com
馬新發行所／城邦（馬新）出版集團　Cité (M) Sdn. Bhd.
41, Jalan Radin Anum, Bandar Baru Sri Petaling,
57000 Kuala Lumpur, Malaysia.
電話：(603) 90578822　傳眞：(603)90576622
E-mail：cite@cite.com.my

封面設計／A+ Design
排　　版／浩瀚電腦排版股份有限公司
印　　刷／韋懋實業有限公司
總 經 銷／高見文化行銷股份有限公司　電話：(02) 2668-9005
傳眞：(02)2668-9790　客服專線：0800-055-365

■2013年（民102）6月6日初版一刷
■2023年（民112）7月21日初版69.5刷

Printed in Taiwan

定價／280元

城邦讀書花園
www.cite.com.tw

Original title: Die Kunst des klugen Handelns

Illustrations by El Bocho and Simon Stehle
Authorized translation from the original German language edition published by Carl Hanser Verlag, Munich/FRG

ISBN 978-986-272-380-7

廣　告　回　函
北區郵政管理登記證
台北廣字第000791號
郵資已付，免貼郵票

104台北市民生東路二段 141 號 2 樓

英屬蓋曼群島商家庭傳媒股份有限公司　城邦分公司

請沿虛線對摺，謝謝！

書號: BK5080	書名: 行為的藝術	編碼:

請於此處用膠水黏貼

讀者回函卡

謝謝您購買我們出版的書籍！請費心填寫此回函卡，
我們將不定期寄上城邦集團最新的出版訊息。

不定期好禮相贈！
立即加入：商周出版
Facebook 粉絲團

姓名：________________　性別：□男　□女

生日：西元________年________月________日

地址：________________________

聯絡電話：________________　傳真：________________

E-mail：________________________

學歷：□1.小學　□2.國中　□3.高中　□4.大專　□5.研究所以上

職業：□1.學生　□2.軍公教　□3.服務　□4.金融　□5.製造　□6.資訊
□7.傳播　□8.自由業　□9.農漁牧　□10.家管　□11.退休
□12.其他________________

您從何種方式得知本書消息？

□1.書店　□2.網路　□3.報紙　□4.雜誌　□5.廣播　□6.電視
□7.親友推薦　□8.其他________________

您通常以何種方式購書？

□1.書店　□2.網路　□3.傳真訂購　□4.郵局劃撥　□5.其他________

您喜歡閱讀哪些類別的書籍？

□1.財經商業　□2.自然科學　□3.歷史　□4.法律　□5.文學
□6.休閒旅遊　□7.小說　□8.人物傳記　□9.生活、勵志　□10.其他

對我們的建議：________________________

____

____

____

____

請於此處用膠水黏貼